国家职业技能等级认定培训教材
国家基本职业培训包教材资源

医药商品购销员

（初级）

本书编审人员

主　编　张　瑜　杨　帆
副主编　张发余　赵云虹
编　者　王　帅　王　堃　杨文章　罗　迪　郑　斌　郑金华　徐　娟
审　稿　王谊冰

 中国人力资源和社会保障出版集团

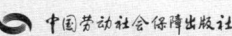 中国劳动社会保障出版社　 中国人事出版社

图书在版编目(CIP)数据

医药商品购销员：初级 / 人力资源社会保障部教材办公室组织编写. -- 北京：中国劳动社会保障出版社：中国人事出版社，2021

国家职业技能等级认定培训教材

ISBN 978-7-5167-4832-9

Ⅰ.①医… Ⅱ.①人… Ⅲ.①药品－购销－职业技能－鉴定－教材 Ⅳ.①F763

中国版本图书馆 CIP 数据核字（2021）第 201079 号

中国劳动社会保障出版社
中国人事出版社 出版发行

（北京市惠新东街1号 邮政编码：100029）

*

三河市华骏印务包装有限公司印刷装订 新华书店经销

787 毫米×1092 毫米 16 开本 12.5 印张 202 千字
2021 年 12 月第 1 版 2024 年 2 月第 2 次印刷
定价：35.00 元

营销中心电话：400-606-6496
出版社网址：http://www.class.com.cn

版权专有 侵权必究

如有印装差错，请与本社联系调换：(010) 81211666
我社将与版权执法机关配合，大力打击盗印、销售和使用盗版图书活动，敬请广大读者协助举报，经查实将给予举报者奖励。
举报电话：(010) 64954652

前　言

为加快建立劳动者终身职业技能培训制度，全面推行职业技能等级制度，推进技能人才评价制度改革，促进国家基本职业培训包制度与职业技能等级认定制度的有效衔接，进一步规范培训管理，提高培训质量，人力资源社会保障部教材办公室组织有关专家在《医药商品购销员国家职业技能标准》（以下简称《标准》）和国家基本职业培训包（以下简称培训包）制定工作基础上，编写了医药商品购销员国家职业技能等级认定培训系列教材（以下简称等级教材）。

医药商品购销员等级教材紧贴《标准》和培训包要求编写，内容上突出职业能力优先的编写原则，结构上按照职业功能模块分级别编写。该等级教材共包括《医药商品购销员（基础知识）》《医药商品购销员（初级）》《医药商品购销员（中级）》《医药商品购销员（高级）》4本。《医药商品购销员（基础知识）》是各级别医药商品购销员均需掌握的基础知识，其他各级别教材内容分别包括各级别医药商品购销员应掌握的理论知识和操作技能。

本书是医药商品购销员等级教材中的一本，是职业技能等级认定推荐教材，也是职业技能等级认定题库开发的重要依据，已被纳入国家基本职业培训包教材资源，适用于职业技能等级认定培训和中短期职业技能培训。

本书在编写过程中得到山东医药技师学院、北京卫生职业学校、长江职业学院、河南应用技术职业学院、黑龙江省国资技工学校、福建生物工程职业技术学院、漳州卫生职业学院、四川中医药高等专科学校、天津医学高等专科学校等单位的大力支持与协助，在此一并表示衷心的感谢。

人力资源社会保障部教材办公室

目 录 CONTENTS

职业模块 1　顾客服务 ·· 1
　培训课程 1　接待顾客 ··· 3
　培训课程 2　提供服务 ·· 18
　模块测试题 ·· 27
　模块测试题答案 ··· 29

职业模块 2　药品介绍 ·· 31
　培训课程 1　处方药和非处方药 ··· 33
　培训课程 2　常用药物的适应证和使用方法 ·· 41
　培训课程 3　药物的合理使用 ·· 105
　模块测试题 ·· 116
　模块测试题答案 ··· 125

职业模块 3　药品销售 ·· 127
　培训课程 1　销售准备 ··· 129
　培训课程 2　销售实施 ··· 133
　培训课程 3　销售记录与售后管理 ··· 145
　模块测试题 ·· 156
　模块测试题答案 ··· 163

职业模块 4　药品陈列与保管 ·· 165
　培训课程 1　药品分类陈列 ··· 167
　培训课程 2　药品的保管与养护 ·· 173
　模块测试题 ·· 190
　模块测试题答案 ··· 192

职业模块 ① 顾客服务

医药商品购销员在接待顾客的过程中，需要同不同类型的人群打交道。因此，掌握接待顾客与提供服务的基本技能，熟练运用礼貌用语与顾客交流，能够主动、热情、耐心、周到地为顾客提供医药商品服务是医药商品购销员的必备技能。随着医药商品市场日益繁荣，药品经营企业的竞争日益激烈，优质的顾客服务是企业在竞争中能够脱颖而出的重要途径。因此，加强顾客服务知识与能力学习是医药商品购销员应该掌握的最基础、最重要的内容之一。

培训课程 1

接待顾客

培训目标

1. 掌握接待顾客的基本流程，掌握接待礼仪的基本要求；
2. 熟悉商务礼仪的规范要求；
3. 了解接待中常见情况的处理。

通常，把医药商品购销员接待顾客的基本流程分为接待准备、接待过程和接待完成阶段，其基本工作内容和要求如图 1-1 所示。

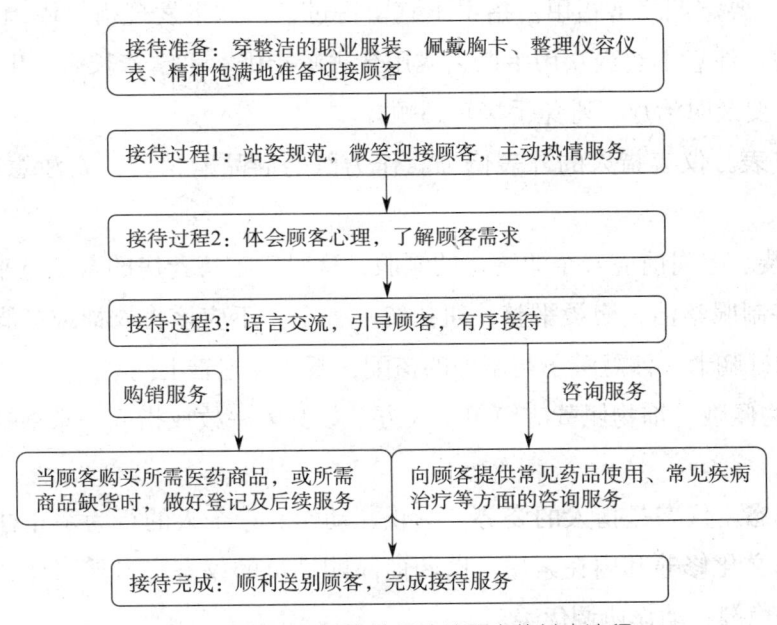

图 1-1　医药商品购销员接待顾客的基本流程

从图1-1接待顾客的基本流程可以发现，整洁的仪容仪表和良好的礼仪修养是做好顾客服务的基础，有利于医药商品购销员与顾客建立良好关系。

一、接待礼仪

1. 个人礼仪

（1）**仪容**。仪容即容貌，由发式、面容以及人体所有未被服饰遮掩的肌肤所构成。在人际交往中，良好的仪容容易赢得顾客的信任。医药商品购销员的仪容应该注意以下几点：

1）头发。在人际交往中，人的头面部往往给人留下重要的第一印象。因此，头发要勤于梳洗。工作中的女士不宜披头散发，应该以盘发、束发为主；男士不留长发，前发不宜触及眼睛，侧发不宜触及耳朵，后发不宜触及衬衫领口；男女都不适合剃光头。

2）面容。修饰面容要做到勤洗脸，包括眼睛、耳朵和脖颈等部位，应做到干净清爽、无汗渍、无污渍。应注意修剪耳毛和鼻毛。保持牙齿洁白，口腔无异味。上岗前忌吸烟饮酒、吃葱蒜类刺激味的食品。若无特殊的宗教信仰和民族习惯，男士不要蓄胡须，应及时剃去胡须。女士宜淡妆，香水不宜过浓，且不宜涂在衣服和容易出汗的地方。

3）手。要定期修剪指甲。指甲不宜留得过长，如果发现指甲周围产生死皮，应立即修剪。注意不要当众用手撕去或用牙去咬指甲。手掌若长癣、生疮、发炎、有皲裂等，要及时治疗，避免手接触到顾客。

（2）**仪表**。仪表指人的外表修饰。作为医药商品购销员，要注意衣着得体，端庄大方。

1）着装。上岗前应着企业统一的制服，这对于零售药房的营业员来说尤为重要。要保持制服整洁，熨烫平整，纽扣统一齐全。不应该将衣袖或裤脚卷起。在左胸前佩戴好胸卡。注意鞋子与服饰的搭配，不能穿拖鞋上岗。

2）饰物佩戴。饰物佩戴应简单、大方，如佩戴一枚戒指或一条项链，样式不应过于夸张。

（3）**仪态**。仪态是指人的姿势、举止、动作。一个人的行为举止往往能反映出一个人的文化修养和内在素质。医药商品购销员的仪态应自然得体，包括站姿端正、走姿稳健、动作协调优美。

1）站姿。站姿的基本要求是头端、肩平、胸挺、腹收、身正、腿直、手垂，如图 1-2 所示。身体重心落在两脚之间，给人精神饱满、不卑不亢的感觉。工作中应避免依靠柜台、搭肩、嬉笑打闹。

图 1-2 站姿

2）蹲姿。如果要下蹲捡拾物品或帮助别人时，可采用双腿交叉式，即下蹲时双腿交叉在一起；也可以采用双腿高低式，即下蹲后双腿一高一低，互为依靠，如图 1-3 所示。

在公共场合下蹲时有三条禁忌。一是正面对着他人。那样做的结果往往会让人感到不便。二是背对他人。这样做的结果显得对他人不够尊重。三是双腿叉开。此举动好像在上洗手间，不雅观。恰当的蹲姿应与他人保持侧身相向。另外，医药商品购销员不宜穿低腰裤，否则在下蹲时容易暴露内裤，极不雅观。

图 1-3 蹲姿
a）双腿交叉式 b）双腿高低式

3）走姿。正确的走姿应表现为从容、平稳、直线行走。行走时，应当保持身体直立、收腹直腰、两眼平视前方，双臂放松在身体两侧并自然摆动，脚尖微向外或向正前方伸出，跨步均匀，步伐稳健，步履自然，要有节奏感。

应当避免的走姿是走路时身体前俯、后仰，或两个脚尖同时向里侧或外侧呈八字形，步子太大或太小，这都会给人一种不雅观的感觉。如果医药商品购销员双手扣于背后走路，会给人以傲慢、呆板的感觉；身体乱晃乱摆，又会让人觉得举止轻佻。

（4）**其他注意事项**。医药商品是一类用于防病、治病、康复保健的特殊商品，因此在工作过程中，医药商品购销员更应注重卫生、训练有素、有条不紊。不要在顾客面前发出异响，如咳嗽、打哈欠、打喷嚏、吐痰、清嗓、打嗝等。男士不要穿着短裤；女士不要穿短裙，不宜光腿。女士不要在大庭广众下化妆，更不能对着异性化妆。

2. 着装礼仪

要塑造、维护好自身形象受多重因素影响，例如，本人的受教育程度、工作经验、艺术修养、品位志趣等。着装礼仪是塑造、维护好自身形象的重要因素。工作场合应穿正式服装，首选企业统一的工作服，如药学服务人员穿白大褂。在没有统一工作服的情况下，男士可选西装、衬衫等。女士则有更多选择。

（1）**穿西装的礼仪**。西装又称西服，起源于欧洲，目前是商务场合男士着装的优先选择。西装拥有膨开适度的领部、宽阔舒展的肩部和略加收缩的腰部服装设计，穿在男士身上可使男士显得英姿飒爽、风度翩翩。西装的选择和搭配的注意事项见表1-1、表1-2。

表1-1 西装的选择

注意事项	说明
面料	首选毛料，纯羊毛、纯羊绒的面料以及高比例含毛、含羊绒的毛涤混纺面料也可作为西装的面料
色彩	上下一色，常选藏蓝色、灰色、黑色等深色西装
图案	无图案为好。竖条纹的西装，以条纹细密者为佳，以条纹粗阔者为劣
款式	在商务场合，一般选择套装，即上衣和裤子成套 按照传统的看法，最正宗的商务套装应该是三件套：一衣、一裤、一件背心 除此之外，西装也有单排扣和双排扣之分。一般认为单排扣比较传统，双排扣比较时尚

续表

注意事项	说明
版型	西装一般有欧式、英式、美式、日式。欧式多为双排扣，不重视腰部，后摆无开衩；英式多为单排扣，腰部略收，后摆开衩；美式多为单排扣，腰部宽大，后摆开衩；日式多为单排扣，不过分收腰，后摆也不开衩

表1-2 西装搭配

西装搭配元素	搭配注意事项
衬衫	正装衬衫颜色必须是纯色，白色为佳。蓝色、灰色、黑色亦可考虑。但红色、粉色、紫色、绿色、黄色、橙色或杂色衬衫有失庄重，在正式场合穿着这些颜色的衬衣是不可取的。衬衫的所有纽扣都要一一系好，下摆要均匀地掖进裤腰之内
领带	领带最好选择真丝或羊毛面料的。在商务活动中，蓝色、紫红色等单色领带是理想的选择。领带如有条纹，必须选择规则的几何图形。领带打好后，其下端应正好抵达皮带扣的上端
腰带	西装搭配皮质腰带，应为深色、单色的
公文包	西装搭配皮质公文包，应为深色、单色的
鞋袜	西装只能配皮鞋，按惯例应为深色、单色的。系带皮鞋首选，无带皮鞋次选。袜子以棉袜为首选，丝袜次选。颜色也以深色、单色为宜，且与皮鞋颜色相近。千万不能穿白色或彩色袜子。袜子务必一天一换，防止散发异味

（2）穿套裙的礼仪。所有适合职业女性在商务场合穿着的裙式服装中，套裙是首选。它是西装套裙的简称，上身是女式西装，下身是半截式裙子。

1）套裙的选择。一套在商务场合穿着的套裙，应该由高档面料缝制，上衣和裙子要采用同一质地、同一色彩的素色面料。在造型上讲究为着装者扬长避短，提倡量体裁衣。上衣注重平整、挺括。裙子要以窄裙为主，并且裙长要到膝或者过膝。套裙的上衣和裙子的长短没有明确的规定。一般认为裙短不雅，裙长无神。最理想的裙长是裙子的下摆恰好抵达小腿肚最丰满的地方。套裙中的超短裙的裙长应以不短于膝盖以上15 cm为限。

套裙色彩方面以冷色调为主，应当做到清新、雅气，以体现着装者的典雅、端庄和稳重。藏青、炭黑、茶褐、土黄、紫红等稍冷一些的色彩都可以用于搭配。正式场合穿的套裙，可以不带任何图案，要讲究朴素而简洁。以方格为主体图案的套裙，可以使人显得静中有动，充满活力。也可以穿着一些以圆点、条纹图案为主的套裙，但不能用花卉、宠物、人物等符号作为主体图案。套裙上不要添加过多的点缀，否则会显得杂乱而小气。如果喜欢，可以选择少而美的点缀。

2）套裙的穿着与搭配

①大小适度。套裙的上衣最短可以齐腰，裙子最长可以达到小腿中部，上衣的袖长要盖住手腕。

②认真穿戴。套裙要穿得端端正正。上衣的领子要完全翻好，衣袋的盖子要拉出来盖住衣袋，衣扣应全部系上，不允许部分或全部解开，更不允许当着别人的面随便脱下上衣或将其披、搭在身上。

③套裙应当协调妆饰。通常穿着打扮讲究的是着装、化妆和配饰风格的统一和相辅相成。穿套裙时，必须维护好个人的形象，不能不化妆，但也不能化浓妆。选配饰也要少，要合乎身份。

④鞋袜的搭配。用来和套裙配套的鞋子，应该是皮鞋，并且选择黑色的皮鞋最好，与套裙一致色彩的皮鞋也可以选择。袜子可以是丝袜、棉袜或羊毛袜。袜子可以选肉色、黑色、浅灰、浅棕等几种，最好是单色。高筒袜和连裤袜是套裙的标准搭配。中筒袜、低筒袜则不宜搭配。

⑤兼顾举止。套裙能够体现女性的柔美曲线，女性医药商品购销员穿着套裙时应举止优雅，更加注意个人的仪态。当穿上套裙后，站姿要又稳又正，不可以双腿叉开，站得东倒西歪。就座后务必注意姿态，双腿不要分开过大。走路时不宜大步奔跑，步子要轻而稳。

3. 交谈礼仪

医药商品购销员在工作中通常需要与不同的客户打交道，如供应商、经销商、消费者等，因此掌握必要的交谈礼仪，这样既可以塑造企业和个人良好的形象，又能增强客户对企业和产品的信心。

（1）**目光**。"眼睛是心灵的窗户"。眼睛的语言具有极强的表现力，内容丰富，它可以反映出人心中的感情波澜，能表达出最细致、微妙的情绪变化。在医药商品的销售中，购销员的目光应该坦然、亲切柔和、专注有神。初次与顾客打招呼时，目光要亲切柔和，以表达对顾客健康的关心。当向顾客介绍医药商品时，医药商品购销员的目光应当专注，使顾客可从你的目光中感受到关怀，从而产生对该医药商品的信任。

医药商品购销员与顾客交流时，目光可以落在顾客脸部以下两个位置：

1）顾客两眼为上线、唇中心为下顶角形成一个倒三角区域。当医药商品购销员与顾客交谈时，凝视三角区的位置，可给顾客一种平等、轻松感，可创造出良好的业务交流气氛。

2）以顾客两眼为底线、额头中心为顶角可形成一个正三角区域，当医药商品购销员与顾客交流时，凝视该三角区的位置，能给人认真和有诚意的感觉，同时可使医药商品购销员掌握说话的主动权与控制权。

医药商品购销员与顾客交谈时，应该灵活应用目光，时而看看顾客，时而收回目光，不可长时间地紧盯着顾客，否则是一种不礼貌的表现。此外，当顾客保持缄默时，医药商品购销员应该移开自己的目光，不然会给顾客带来尴尬和不安。当顾客说错话或者表现出拘谨时，不要直视对方，以免对方误以为是讽刺和嘲笑。不要反复打量顾客，这种反复打量会让顾客感到手足无措。

（2）微笑。"微笑是世界的通用语言"，也是人类最美的面部表情。在接待顾客时，医药商品购销员应发自内心地微笑，应有自信、真诚、友善、愉快的表露；同时做到微笑适度，既不要掩盖压抑笑意，也不要哈哈大笑，前仰后合；微笑适宜，即微笑应适合情境，既不能在顾客着急痛苦时面露笑意，也不能在顾客抱怨争执时失去宽容大气的微笑。

（3）交际距离。研究表明，大多数人在交往时会运用四种不同的距离，即亲密距离、个人距离、社交距离和公众距离。

1）亲密距离。亲密距离是一个人与最亲近的人相处的距离，在 0～45 cm 之间。陌生人进入这个领域时，会使人在心理上产生强烈的排斥感。我们时常看到，在拥挤的公共汽车里，互不相识的人通常保持着僵直的身躯，尽量避免身体的接触，而夫妻、恋人、父母与孩子则会依偎在一起。可见，亲密距离是人际交往中最为重要也最为敏感的距离，医药商品购销员要避免运用这个距离。

2）个人距离。个人距离的范围是 0.45～1 m。人们可以在这个范围内亲切交谈，又不致触犯对方的近身空间。一般朋友和熟人在街上相遇，往往在这个距离内问候和交谈。医药商品购销员要慎用这个距离。

3）社交距离。社交距离一般在 1～3.5 m，其中 1～2 m 通常是人们在社会交往中处理私人事务的距离。例如，在银行取款时要输入密码，为了保护客户的机密，银行要求其他客户必须站在"一米线"之外。2～3.5 m 是远一些的社交距离。商务会谈通常是在这个距离内进行的。人们之间除了语言交流，适当的目光接触也是不可少的，否则会被认为不尊重对方。医药商品购销员要灵活使用这个距离。

4）公众距离。公众距离往往是公众集会时采用的距离，一般在 3.5～7 m。超过这个距离，人们就无法以正常的音量进行语言交流了。所以，有经验的医药商品购销员会走下主席台，靠近客户进行药品的宣讲。

（4）面谈。交谈时要注意文明礼貌，注意使用问候语（如"您好"），请托语（如"请"），致谢语（如"谢谢"），道歉语（如"对不起"）和道别语（如"再见"）。禁止说粗话、脏话、黑话、荤话、怪话等。

与顾客交谈时，医药商品购销员要求发音准确，语速适度，口气谦和，内容简明，提倡使用标准普通话，少用方言土语。若无外宾在场，交谈中应避免使用外文，如遇到少数医药专业术语使用外文时，对外文也应该用中文进行解释，否则会让顾客感到疑惑，且有卖弄之嫌。

医药商品购销员要围绕着医药商品这个既定的主题进行交流。如需使用其他话题进行开局，调节气氛，或者打开僵局，应该考虑一些时尚的话题、医药商品购销员擅长的话题，也可以考虑一些高雅的话题和轻松的话题。避免谈论个人隐私、捉弄对方、非议旁人，所说话题不能带有违法乱纪、挑拨是非等倾向，也不应传播封建迷信思想，避免说一些令人反感的话题。

技能训练

接待顾客礼仪

实训准备： 工作服、笔、纸、药品的空包装盒等道具，在模拟药房进行实训。

实训步骤： 分组练习，2人一组，其中1人扮演医药商品购销员、1人扮演顾客，进行仪容、仪表、仪态、站姿、走姿、形体语言、语言交流的训练。训练时，模拟药品购销服务迎接顾客、送走顾客的服务流程，教师观察同学们训练中出现的不足之处，并及时给予指导修正。考核评分标准见表1–3。

注意： 考核时由教师扮演顾客，学生扮演医药商品购销员。

考核要点：

1. 模拟顾客进入药店购买某医药商品的全过程，考察学生在接待活动中体现的顾客接待基本礼仪。

2. 考生能够灵活处理和礼貌回答顾客提出的问题，并做到随机应变。

3. 考生能通过大方自然的仪态、端庄得体的形体语言、真诚亲切的语言交流赢得顾客的信任。

评分标准：

表1-3 接待顾客礼仪实训考核标准及评分表

序号	考核内容	考核要点	分值	得分
1	仪容仪表	仪容整洁：指甲干净，发型大方清爽，无异味	10	
		仪表大方：穿工作服，服装干净、平整，纽扣齐全，鞋袜搭配适宜	5	
		精神面貌：饰物佩戴适宜，饱满热情向上	5	
2	姿态	站姿：表情自然、两眼平视，挺胸收腹、两臂自然下垂（或合拢放于下腹），两腿挺直	10	
		走姿：表情自然、速度适中，头正颈直、上身挺直、挺胸收腹、两臂收紧、自然摆动	10	
		面部表情及手势：面带微笑，目光与客人交流自然，手势适度，自然大方	10	
3	语言	言语：亲切礼貌、目光自然、距离合理，语速、语气适中，表达清晰明确	10	
		用语：在迎接顾客至送走顾客的环节中，语言表达适宜，未出现忌语	10	
4	服务	专注服务、应对得体，服务环节礼貌到位	10	
5	临场表现	大方得体，自然流畅，灵活应变，对答如流，能较好地展示医药商品购销员的顾客服务水平	20	
		合计	100	

二、沟通技巧

医药商品购销员在营业中掌握沟通技巧，应用沟通技巧与顾客沟通，是为顾客服务的关键，尤其对于零售药房的营业员来说更为重要。一般来说，当顾客进入药店，医药商品购销员应该放下手中的工作，礼貌地接待顾客。

1. 常用服务用语

对于医药商品购销员来说，能否掌握常用服务用语，并且做到语言亲切、语气诚恳、用语准确、简洁生动，直接影响到顾客的满意程度。

商业服务中，有些商业服务用语是特定和惯用的。日常服务用语可归纳为简洁的"十四字"，即"您""请""欢迎""对不起""谢谢""没关系""再见"。医药商品购销员在此基础上应该掌握以下几类服务短语，详见表1-4。

表1-4 服务短语

类别	举例
问候语	您好；早上好；晚上好；见到您很高兴；××最近很忙吧？请转达我对他的问候
征询语	我能为您做些什么吗？您还有什么别的事情吗？这样会不会打扰您
求助用语	请问；请帮忙；拜托了
感谢语	谢谢；麻烦您了；非常感谢；谢谢您支持我们工作；谢谢，让您费心了，实在过意不去
回应感谢语	别客气；不用谢；您不必客气，这是我应该做的
道歉语	很抱歉，这件事实在没有办法做到；真不好意思；真对不起，让您久等了；对不起，打扰了；对不起，请稍候
回应致歉语	别客气；不用谢；请您不要放在心上
应答语	您稍候，我马上就来
提醒别人用语	请您小心；请您注意；请您别着急；请您注意安全；上下电梯请您左行右立
赞美语	您说得太正确了；那太好了
慰问语	您辛苦了；让您受累了；给你们添麻烦了
欢迎语	您好，欢迎光临（在药店不便说）；您来了
接待来客用语	请进；请坐；请喝茶
告别语	再见；祝您一路顺风；请走好
接打电话用语	你好，××公司；我正是××，请讲；好的，请稍等；他不在，需要我给他留言吗

2. 服务语言禁忌

在以下场合，医药商品购销员语言使用要注意以下禁忌：

（1）顾客提前到来时，禁说：还没上班，出去等着。

（2）顾客询问有关事项时，禁说：不知道，墙上贴着呢，自己不会看吗；不是告诉你了吗，怎么还不明白？有完没完；别问我，你找药师问去。

（3）业务忙时，禁说：急什么，慢慢来；没看到一直忙着吗，那边等着去。

（4）计算机出故障时，禁说：机器坏了，明天再来。

（5）顾客有不同意见时，禁说：有意见找领导去；那边有意见征询表，写意见去；爱上哪儿告就上哪儿告去。

（6）顾客犹豫时，禁说：你到底买不买；快点交钱；买不起就别买。

（7）临近下班时，禁说：下班了，不卖了；怎么不早来。

3. 不同类型顾客的接待方法

根据顾客的购买态度和个性特点，顾客大致可划分为以下七种类型：

（1）习惯型。这类顾客会根据购买经验和购买习惯反复购买自己熟知和惯用的商品品牌和品种，若无新的、强有力的外部吸引力，一般不会轻易改变其固有的购买方式。他们要么具备一定的药品知识，要么属于久病成医者，往往忠诚于一种或数种老牌、名牌药品，习惯于购买自己熟知的常用药品，不轻易购买别种同类药品，一般不贸然尝试购买新药，属于保守型的购买者。医药商品购销员应该以优惠的价格、强有力的宣传、良好的质量来扩大自己产品的影响力，使其成为消费者偏爱、习惯购买的产品。

（2）理智型。这类顾客非常重视商品的质量、性能、价格和实用性等，往往经过冷静思考和认真比较后，才决定是否采取购买行动。这类药品消费者在实施购买行为时，事先对自己所要购买的药品经过较周密的考虑和反复比较。或者，消费者具备相应的医学和药学专业知识，购买目标相当明确，很少受广告宣传或他人的影响，特别理智，可以很快决策。医药商品购销员不应过多推荐其他品种药品，以免引起消费者反感，而以准确的导购服务为主。

（3）经济型。这类顾客十分重视商品的价格，喜欢买便宜的商品，注重商品的内在质量和实际效用，只要实用，对于式样、包装等不一定太苛求。这类消费者对药品价格非常敏感，价格低、效果也不错的药品对于他们最有吸引力。购买药品力求经济、实惠、价廉物美，只要少花钱治好病就行。医药商品购销员应该对这类消费者推荐低价且效果不错的药品，以满足此类消费者的购药需求。

（4）冲动型。这类顾客在商品的外观、购销员的推荐、其他顾客的态度、广告宣传等外界因素的影响刺激下，易临时做出购买决策行为。这类顾客购买的方向一般明确，比如减肥、保健等药品，但没有明确的购买品种目标，在购买过程中容易也愿意受药品广告、药品包装说明书或促销人员的引导而购买某种药品。医药商品购销员应采取临时减价、独特包装、现场推介等策略促成顾客的购买行为。

（5）疑虑型。这类顾客善于观察细小事物，在选购商品时小心谨慎。医药商品购销员对这类消费者需要热情服务,耐心介绍药品知识,以促使其决定购买。

(6)感情型。这类顾客情感体验深刻,以是否符合自己的感情色彩来确定是否购买产品。这类消费者也许被药店形象吸引或许因其他原因进入药店,随意浏览顺便购买对其具有吸引力的一些家中必备的OTC药品。企业应尽可能注重药品的包装、品质、特征和药品的柜台陈列等,以符合其感情需求,并提供热情的咨询和适当的推荐服务。

(7)躲闪型。这类顾客由于患有一些难以启齿的或隐私型疾病,在购买药品时会表现出躲闪、不安等不自在的行为。对于此类购买者,不要有过多的询问和特别的关注,否则会更使其感到尴尬甚至被吓跑,而应令其放松,适当地给予关心并引导其购药用药。

 **小案例**

> 情景:顾客进入零售药店在解热镇痛抗感冒药的柜台观看。
>
> 医药商品购销员:"您好,有什么可以帮到您的吗?"
>
> 顾客:"我有点受凉,感冒,头疼,低烧,流鼻涕,昏昏沉沉三四天了,多喝水多休息也不见好。"
>
> 医药商品购销员:"您别着急,感冒的病程一般要持续一周左右。如果您有发烧症状,或者这几天感冒症状严重了,建议您可以考虑吃三至四天的感冒药,缓解一下症状,不然还是挺难受的。"
>
> 顾客:"可这些感冒药都挺贵的,也不知道不同的感冒药之间能有多大差别?"
>
> 医药商品购销员:"您方便说一下您从事的工作吗?一般感冒药会有犯困、嗜睡的问题,如果您担心影响工作的话,可以考虑日夜百服宁或者白加黑。"
>
> 顾客:"我不想吃西药,有合适的中药感冒药吗?"
>
> 医药商品购销员:"那您试试感冒清热颗粒吧,主要针对受凉引起的感冒。"
>
> 顾客:"那先来一盒试试吧。"
>
> 案例评析:该案例中的顾客有明显的犹豫不定型和经济型顾客的特征,其本身对药品认知不多,考虑价格因素,此外还有较多的顾忌。医药商品购销员要做到问不烦、拿不厌,努力帮助顾客,给顾客提供优质的咨询服务。

4. 接待顾客的时机

顾客进店后，如遇下列情况时，医药商品购销员应主动接待他们：

（1）当顾客注视某一种医药商品或注视某商品价签的时候。

（2）当顾客较长时间在手里拿着某种医药商品的时候。

（3）当顾客的视线离开医药商品，看向医药商品购销员的时候。

（4）当顾客对各种医药商品进行比较和考虑的时候。

（5）当顾客拿出剪下来的医药商品广告或拿出笔记本对照看商品的时候。

5. 同时接待多个顾客的方法

在顾客多、营业繁忙的情况下，医药商品购销员要保持头脑清醒，沉着冷静，精神饱满，忙而不乱地做好接待工作，其接待方法如下：

（1）按先后次序，依次接待。医药商品购销员接待时要精力充沛，思想集中，看清顾客先后次序和动态，依次接待。

（2）灵活运用"四先四后"的原则。医药商品购销员在坚持依次接待顾客时，要注意灵活运用"四先四后"的原则：先易后难，先简后繁，先急后缓，先特殊后一般。

（3）"接一顾二招呼三"交叉售货法。在接待第一位顾客时，抽出空隙询问第二位顾客，先生，您要买什么，并顺便向第三位顾客点头示意，或招呼说"请稍候"。视情形采用交叉售货方式，将商品拿递给第一位顾客，让其慢慢挑选，腾出时间去接待购买商品挑选性不强的顾客，力争快速接待，快速成交。

（4）眼观六路，耳听八方。当同时接待多位顾客时，尽管人多手杂，有的问，有的挑，有的取货，有的开票，但医药商品购销员必须保持头脑清醒，既要准确快速地接待顾客，又要避免出现差错（包括照顾商品安全，不错拿、错取等）。要求做到眼快（看清顾客先后次序和动态）、耳快（倾听顾客意见、谈论）、脑快（反应灵敏，判断准确）、嘴快（招呼适时，答问迅速，结算报账快）、手快（动作敏捷，干净利索，取货、换货、展示、包装、找零迅速）、脚快（依据售货操作的需要，及时移动），眼、耳、脑、嘴、手、脚六者协调配合。

6. 顾客接待中常见情况的处理

（1）向顾客询问，得不到回答时。顾客不回答可能有这样几种原因：第一种是问话的声音小，顾客没听见；第二种是顾客没有拿定主意要买什么；第三种是顾客专心致志地注视某种商品。此时医药商品购销员不应有不满或反感情绪，而是稍提高点声音，再次亲切向顾客询问或拿出几种商品，让顾客参考。

（2）当顾客挑得仔细，而其他购物的顾客又多时，医药商品购销员可向正在挑选商品的顾客交代清楚，语言要柔和简练，让其慢慢挑选；再接待其他顾客，要眼观六路，耳听八方，抬头售货，全面照顾，做到接一、顾二、招呼三。

（3）两位顾客争购同一商品，而商品又只有一件时，原则上遵循先到先得原则，但当的确后来者有特殊情况时，医药商品购销员要努力消除顾客之间的矛盾，向顾客了解情况，按先急后缓的原则来解决问题，同时对未买到商品的顾客，给予安慰并给予预约登记，货到通知顾客。

（4）个别顾客称呼医药商品购销员不礼貌，用"喂""哎"等称呼，或者不打招呼，在玻璃柜台上乱敲。一般来说有两种情况：一种情况是顾客急于要买到某种商品，匆忙来到柜台前这样称呼医药商品购销员。此时医药商品购销员要急顾客之所急，及时接待，快速成交，满足他的要求。另一种情况是少数顾客由于缺乏文明修养，用这样习惯的口头语来称呼医药商品购销员。医药商品购销员不应计较顾客的态度和语言，而要以文明的态度和礼貌的语言去接待顾客。

（5）在接待挑剔的、犹豫不决的、有意见分歧的等类型顾客时，医药商品购销员要主动热情介绍商品的性能、特点，引导顾客，说话既要诚恳又要有说服力，要以能满足顾客需求为原则来调和矛盾，引导购买，尽快成交。

（6）老年人买东西反应较慢，接待时要更加热情、耐心，顾客多时，应先接待老年人，帮助其挑选药品，开好销售小票并交代清楚，包装验好商品。接待残疾人顾客时，要求抱有同情心，不能有丝毫讨厌歧视的表情，应该给予特殊照顾，分外热情，帮助其挑选，人多时首先接待这类人员。

（7）医药商品购销员与顾客发生矛盾时，医药商品购销员要在坚持原则、讲清道理的前提下宽以待人、感化顾客。周围的医药商品购销员应立足于缓和解决矛盾，主动上前替当事医药商品购销员向顾客赔礼道歉、承担责任，如解决不了要及时请示主管解决。

顾客沟通技巧

实训准备：工作服、笔、纸、药品的空包装盒等道具，在模拟药房进行实训。

实训步骤：分组练习，4~5人一组，每组抽签选择一个模拟演绎的情境，由1名同学模拟医药商品购销员，其他同学模拟顾客并演绎设定情境，医药商品购销员进行全程接待。教师观察学生们的情境演绎、模拟接待中的不足，并及时给予指导修正。考核评分标准见表1-5。

注意：考核时通过抽签选定其他组的情境进行考核。

考核要点：

1. 顾客进入药店后，医药商品购销员接待顾客的过程完整，语言规范合理。

2. 考生能够灵活处理和应对情境中的问题，并能熟练运用接待技巧，圆满处理接待过程中的问题（每个小组的情境中设有两个考核点）。

3. 考生在接待过程中要做到仪态大方、语言表达流畅、有理有据、有力有度。

评分标准：

表 1-5　顾客沟通技巧实训考核标准及评分表

序号	考核内容	考核要点	分值	得分
1	仪容仪表	仪容整洁、仪表大方，精神面貌饱满向上	10	
2	接待过程规范完整	迎接顾客：热情自然，能够"接一顾二招呼三"	10	
		接待过程：能够体会顾客心理，对不同类型顾客给予恰当处理（至少扮演3个类型顾客）	15	
		接待过程：能适宜地使用叙述、提问、劝说等接待技巧，赢得顾客的信任和满意	15	
3	接待过程中问题处理适宜	接待问题1：判断准确，语言表达流畅，处理适宜，顾客满意	15	
		接待问题2：判断准确，语言表达流畅，处理适宜，顾客满意	15	
4	后续服务	接待结束自然顺畅、后续服务处理得当	10	
5	临场表现	大方得体，自然流畅，灵活应变，对答如流，能较好地展示医药商品购销员的服务顾客水平	10	
		合计	100	

培训课程 2

提供服务

培训目标

1. 熟悉医药商业服务的基本步骤；
2. 了解医药商业服务的基本形式；
3. 掌握提供服务的注意事项；
4. 了解医药商品包装的功能、类型，掌握包装的注意事项。

一、医药商业服务

1. 医药商业服务的基本步骤

医药商品购销员在服务过程中，既要做到谈吐清晰准确，态度真诚友善，富有说服力与感染力，通过形体语言和口头交流实现与顾客的沟通；又要按照医药商业服务的基本步骤，规范地提供医药商业服务。

（1）**顾客上门前**。顾客上门前，医药商品购销员要随时做好迎接顾客的准备，要精神焕发，不能交头接耳，漫不经心。

（2）**初步接触**。顾客进门之后，医药商品购销员一边和顾客寒暄，一边和顾客接近，这是"初步接触"。此时，优秀的医药商品购销员一般会以三种方式与顾客初步接触：与顾客随意打个招呼，直接向顾客介绍她中意的药品，询问顾客的购买意愿。在服务时医药商品购销员要自觉做到"3S"，即站立（stand），目视对方（see），面带笑容（smile）。

（3）**展示药品**。根据顾客的要求，推荐展示药品，让顾客了解药品的使用过程、药品的禁忌证、药品的疗效，并提供几种药品让顾客选择。

（4）**体会顾客的需要**。顾客的购买动机不同，需求自然不同，所以医药商品购销员要善于体会顾客的心理，明确顾客要买什么样的药品、治疗什么病等，这样才能向顾客推荐最合适的药品，帮助顾客做出明智的选择。体会顾客的需要，应从以下几个方面入手：

1）观察顾客的动作和表情来体会顾客的需要。

2）向顾客推荐一两种药品，观看顾客的反应，以此了解顾客的愿望。

3）自然询问顾客的想法。

4）善意地倾听顾客的意见。

（5）**药品专业知识介绍**。顾客在产生购买欲望后，并不会立即购买，还会进行比较、权衡，直到对药品充分了解并信赖之后才会购买。在此过程中，医药商品购销员要利用专业知识向顾客介绍药品。介绍时的语言要通俗易懂、有针对性，以消除顾客对药品存在的疑虑。

（6）**劝说引导**。在讲解了药品相关知识后，顾客开始决策，医药商品购销员要把握机会，及时劝说并引导顾客达成购买意向。劝说引导顾客时应从以下5个方面进行：

1）实事求是地劝说。

2）投其所好地劝说。

3）辅以动作地劝说。

4）通过介绍药品本身的质量劝说。

5）帮助顾客比较、选择地劝说。

（7）**抓住销售要点**。顾客对于药品的需求是多方面的，但其中必有一个药品特性是顾客最需要的，是最能导致顾客购买的，这一药品特性被称为"销售要点"。当医药商品购销员把握住了销售要点，并有的放矢地推荐药品时，交易是最容易完成的。能否满足这个主要需求是促使顾客购买的关键。一名优秀的医药商品购销员在进行销售要点说明时，一般会注意到以下5点：

1）善用"5W1H"原则，明确顾客购买药品由何人使用（who）、在何处（where）使用、在什么时候（when）使用、想要用什么（what）、为什么必须用（why），及如何使用（how）。

2）说明要点语言要简洁。

3）能形象、具体地表现药品的特性。

4）针对顾客提出的病症进行说明。

5）按顾客的询问说明。

（8）**成交**。顾客在对药品基本了解和对医药商品购销员产生信任后，就会决定是否采取购买行动。此时，需要医药商品购销员做进一步的说明和服务工作，以打消顾客的疑虑，此步骤称为"成交"。当出现以下 8 种情况时，成交的时机就出现了：

1）顾客突然不再发问时。

2）顾客的话题集中到某个药品上时。

3）顾客不讲话若有所思时。

4）顾客不断点头时。

5）顾客开始注意药品价格时。

6）顾客开始询问购买药品数量时。

7）顾客关心药品售后服务时。

8）顾客不断反复地问同一个问题时。

在成交的时机出现时，医药商品购销员应注意：不要给顾客再看新的药品；缩小药品选择的范围；帮助顾客确定所要购买的药品；对顾客想购买的药品做一些简要的重点说明，促使其下定决心购买。

在这一过程中，医药商品购销员应注意沟通方式，不能急于求成，切忌使用粗暴、生硬的语气催促顾客，使顾客产生抗拒心理。

（9）**收款、包装**。顾客在决定购买药品后，医药商品购销员要填写收银小票，交给顾客，请顾客到收银台付款，然后包装好药品。收银时应唱收唱付，声音要清楚准确，态度友好。

（10）**送客**。待顾客付款后，医药商品购销员应使用双手传递药品并注意轻拿轻放。倘若顾客主动动手帮忙，应该说声"谢谢"。如果传递带"尖"的医药商品，应该将商品横着或将"尖"端朝向自己并交给顾客。药品递交后要向顾客诚挚地道谢。顾客临走时，要向顾客道别。

 **小案例**

> **情景**：顾客进入零售药店，手按腹部，面部表情痛苦，医药商品购销员上前接待。
>
> **医药商品购销员**："您好，您哪儿不舒服，我有什么可以帮您？"

（医药商品购销员服务状态：急切、关心、真诚）

顾客： "我从昨晚开始到现在拉肚子七八次了，整个腹部都不舒服，隐隐地疼。人也没力气，没精神，想买点药。"

医药商品购销员： "您先坐下休息一下，是不是昨天吃东西不合适？"

（医药商品购销员服务状态：关注、投入，安排患者坐下，可以倒杯温水）

顾客： "有可能吧，昨天晚上跟朋友去吃大排档了，冷的热的辣的也没讲究。"

医药商品购销员： "……"

案例评析： 当顾客需要医药商品购销员提供服务时，需要的不仅是简单的药物介绍，医药商品购销员的形体语言、语音语调都会影响到顾客的感受。因此，医药商品购销员是否合理运用适合情境的服务态度与语言，对服务质量有重要影响。

2. 医药商业服务的基本形式

随着零售药业竞争的日趋激烈，医药商品购销员应该比以往更具有服务意识，在销售医药商品时，除了提高基本的商业服务水平（如接待服务、包装服务等）外，更应该注意提高自己的药学服务的水平。药学服务水平是衡量零售药房服务水平高低的重要标志。药学服务要求医药商品购销员能利用自己的专业知识来保证顾客（患者）的药物治疗能获得满意的结果，并且尽量降低总的医疗费用。这不仅要求有一个合适的工作场所和工具以及信息技术的支持，还要求医药商品购销员具有良好的教育背景、广泛的医学知识、高超的交流能力以及丰富的实践经验。医药商业服务可分为以下几种类型。

（1）**简单增值服务**。为顾客免费代煎药就是一种简单的增值服务。例如：在某个特殊时期，如流行病高发期或突发性公共卫生事件中，可以免费提供消毒水或者药茶等；免费提供一些低值的常用必备药或器械；免费提供测量血压、身高体重等服务。

（2）**健康信息服务**。一些有条件的药店定期举办小型的健康讲座活动，或者在药店摆放一些关于健康与卫生的书籍或报刊，可使顾客能够获取更多的关于自身保健的信息。

（3）**社区关怀服务**。药店可以联系药品厂家以及社区周围的医院在社区（街道）党政团体的协调帮助下，适当地在社区开展一些健康服务，如为社区居民提供慢性病用药指导、中医辨证施治、推拿针灸等健康服务。在操作形式上，药店可以单独宣传，也可以联系厂家或医院一起搞活动。药店还可以利用社区的黑板报或简报普及和宣传一些健康知识，从而达到宣传药店自身的目的。

（4）**送药上门服务**。药店可以为附近有特殊需要的顾客提供送药上门服务，体现药店的人文关怀和服务理念。

（5）**药学服务**。药店的执业药师通过询问病情为顾客推荐对症的非处方药，向顾客介绍合理的用药方法，说明药物的不良反应和配伍禁忌。在具体的销售过程中，医药商品购销员在提供各种服务时必须要把重视生命、呵护健康的理念放在首位。

1）医药商品购销员提供的非处方药必须是合格的、优质的。药品采购应该严格按照法律法规要求，从合法的渠道获得药品。药品的储存应有一个合格的环境，以减少药品变质。提供给顾客（患者）的药品，应保证在服用期间处于有效期内。

2）医药商品购销员应向顾客（患者）提供有效的非处方药。医药商品购销员通过医学知识培训后，在提供服务的过程中应该充分运用所学的临床医学知识，详细地了解顾客（患者）的病情和症状，然后根据药品的适应证、作用原理、作用途径、作用特点、作用强弱、使用方法、配伍禁忌、不良反应等，向顾客（患者）提供相应的非处方药。

3）医药商品购销员应对所提供的非处方药可能具有的不良反应要有清晰的认识，特别是对药品的严重不良反应更应熟知。在此基础上，医药商品购销员应对顾客（患者）详细说明药品的正确使用方法和可能引起的不良反应，特别是严重不良反应，以尽量避免药品的不良反应对人体的可能损害。

此外，医药商品购销员还要重视为顾客（患者）带来增值服务，如测量血压、测量血糖、解读医学检查报告、指导健康生活等。

（6）**会员制服务**。会员制能够在收集顾客信息的基础上，针对会员开展药品销售优惠、积分换礼和个性化服务，这能够提高顾客的忠诚度、树立药店的良好形象。

3. 医药商业服务的注意事项

要打造"老字号"零售药店，不是一蹴而就的，这来源于每一位顾客和每一次购买商品的体验积累。如果这种体验积累是正面的，顾客就会成为该药店的忠实顾客，即"回头客"。医药商品购销员在提供服务时，要注意以下几点。

（1）**负责到底**。医药商品购销员与顾客接触时代表的是药店和品牌。当顾客遇到问题时，医药商品购销员不能置之不理。如果顾客确实需要与医药商品购销员的上级负责人对话，应亲自为顾客联系，带领顾客到适当的地点，并将顾客介绍给上级负责人。结束服务时，最好对顾客说一句"如果您有别的需要，请给我打电话"。

（2）**换位思考**。将心比心，经常想象一下如果自己是顾客，需要什么样的产品和服务？希望店家怎样对待自己？怎样解决问题才能让自己满意？设身处地为顾客着想，不仅能加深对顾客的了解，而且会在不经意间带来很多商机。

（3）**告别消极**。遇到问题时不要说"我处理不了"。不妨换一种积极的、实在的回答方式，如"有点麻烦，不过我试一下吧""我请示一下上级"。给出建议时，应该说"你可以……"，而不能说"你必须……"。

（4）**给顾客时间**。让顾客感觉到你有时间、有诚意处理他们的问题。无论你有多忙、压力有多大，面对顾客时请始终保持轻松的语调，耐心地处理他们的问题。即使最后问题没有得到解决，顾客也会对你的努力和关注表示感谢，进而对药店的服务留下良好印象。

（5）**给顾客空间**。一个好的医药商品购销员总会不厌其烦地询问顾客的症状、用药偏好、期望价格和其他要求，因为他们明白很多顾客的消费往往是非理性的，即使顾客在消费前明确了目标，也会随时因改变主意购买别的产品，这中间就存在很多商机。优秀的医药商品购销员懂得，给顾客以选择的空间也就给了自己更多的商机。

（6）**善待投诉**。有的投诉顾客往往会表现得情绪过激，怒火一触即发，医药商品购销员此时要控制自己的情绪，以公平、公正的心态听取顾客的陈述，切莫用不友善、怀疑、批判的眼光看待顾客。这种伤害顾客自尊的态度会引起顾客更大的不满。要真诚地为顾客解决问题，切忌回避矛盾，或将问题转给别人，甚至与顾客发生争吵。发自内心的关怀极具感染力，可以让顾客的情绪得以缓解，甚至化干戈为玉帛。

（7）**避免绝对化**。永远不要说"我从没听说过此事"。此话会将你与顾客对立起来，不仅令人讨厌，而且有说谎的嫌疑。任何时候，真诚的倾听和设身处地的沟通都是积极、有效的解决问题的方法。

（8）**常怀感激**。顾客的存在，使你拥有了目前这份工作。顾客的建议，会使你的药店不断进步。询问顾客的意见，会得到顾客对药店经营的及时反馈，如"这么做是否符合您的要求""我告诉您的这些知识对您有帮助吗""这是您希望得到的服务吗""我还可以为您提供什么帮助"。最后用"谢谢您"结束服务。

4. 药品零售企业服务规范

（1）**药品零售企业售前、售中服务规范**。药品零售企业在售前、售中应做好以下各项工作：

1）按经营目录和必备商品目录组织货源，做到不出现人为脱销，提高调剂成方率。

2）顾客临近柜台时，主动与顾客打招呼，态度和蔼热情，语言、动作有礼貌。

3）抬头售货，做到人未到声先到；话未到眼神先到，帮助顾客选择商品，向顾客介绍系列性、连带性商品，当好顾客的参谋。

4）要轻拿轻放商品，动作敏捷；拿递易碎、贵重商品时，要用双手将商品放在顾客面前。

5）中药饮片的收方和调剂人员要精神集中，严格把关，做到：字迹不清的处方不调；有相反、相畏和配伍禁忌的处方不调；其他不符合规定的处方不调。

6）销售中西成药，要唱收、唱付，核对品名。出售中药饮片要做到剂量准确，分戥均匀，认真复核；发药时要核对牌号、姓名、剂数，给患者交代清楚煎药程序、服用方法；包装捆扎商品要做到外形美观、牢固，以便于携带。

7）交易结束时，与顾客打招呼道别，态度要亲切自然。

（2）**药品零售企业售后服务规范**。药品零售企业的售后服务同样重要，本着维护顾客利益、对顾客负责的原则，医药商品购销员应做到：

1）定期访问经常用药的顾客。掌握不同消费者的用药心理，掌握用药的季节规律和常见病、多发病的用药规律；掌握市场用药变化情况，指导经营业务不断更新扩大。

2）对出售的医疗器械类商品实行上门调试、维修等服务，征询商品质量意见并及时反馈。

3）开展多项便民服务活动。对邻近的特殊病患者，实行服务上门，一般应做到：①开展医药咨询服务活动，坚持问病售药，在不影响药品质量的前提下，可将药品拆零出售；②提供夜间售药、小外伤包扎、小器械租赁等服务项目；③中医中药结合，医生坐堂，收方送药，代办饮片炮制加工，代客煎药，代加工成丸、散等成药；④其他一切有联系的系列性服务。

5. 药品批发企业服务规范

（1）医药批发企业在销售前应做到的服务规范

1）做好市场预测，定期分析商品供求情况，根据市场需要组织货源。

2）按经营商品和必备商品目录，备齐品种，备足货源，保持合理库存。要求经营商品供应保持率达到80%，必备品种供应保持率达到90%，中药材的供应保持率在做到保证供应的前提下可放宽些。

3）加强商品宣传，搞好样品室（展销室）。样品陈列丰满美观，新颖大方，有展有销。要定期印发可供商品的目录和新商品介绍，把商品动态信息提供给用货单位。

（2）医药批发企业在销售中应做到的服务规范

1）接待客户热情、诚恳、耐心、周到。注意礼貌用语，做到"四个一样"：来人来函补货一样，进货批量大小一样，新老客户一样，工作忙闲服务态度一样。

2）掌握供应政策，做好商品供应。坚持保证重点、照顾特殊、兼顾一般的原则，合理分配，不搭售，不搭配，搞好余缺调剂，互通有无。

3）认真贯彻价格政策，合理定调商品价格。划拨结算要及时、正确。

4）对医疗卫生、科学研究、文教、生产等部门所需医药商品，要有专门的外联人员，按月（旬）收集需用计划并定期上门服务；对特殊的疫情、急救用药（医疗器械），要千方百计地组织货源，保证供应，做到对市场负责、对人民生命健康负责。

5）商品调拨供应要按照各类商品特点和市场需求情况，按照合同严格执行。根据先远后近、先正式合同后补充合同的原则按序开单。军需、援外、疫情、急救药品优先开单；特殊急需商品随到随开；怕冻、怕热商品按季节特点掌握开单，努力提高供应合同执行率。

6）认真落实"及时、准确、安全、经济"的运输原则，积极组织商品发运，提高货运工作量，坚持安全生产、文明装卸，保证运输任务按要求时间完成。

7）认真做好急救供应工作。来函、来电要记录完整，开单、电复要准确及时，遇有重大事故要及时报告。

（3）医药批发企业的服务措施

1）牢固树立为医疗、科研、生产单位和零售单位服务的思想，小规格商品优先保证零售，地方病用药优先保证病区，灾情、疫情用药优先保证供应。

2）实行电话要货和预约服务。各级批发单位对电话要货要有专门记录，以保证及时供应。

3）建立缺货登记簿。每日要登记缺货的具体品种和需要单位。每旬进行一次脱销、短缺品种的信息反馈。登记品种到货后，要及时通知登记单位，回访通知率要达到60%。

4）对特殊需要、特殊规格的药品、医疗器械、化学试剂和玻璃仪器，组织专项进货、专项进口或者陪同需用单位专项采购。

5）批发企业应设值班经理（主任）服务台和意见簿，随时听取意见。

二、包装知识

医药商品的包装是顾客选定商品并交清货款后，医药商品购销员为顾客服务的最后一个环节。医药商品包装也是企业或产品的最佳宣传途径之一。因此，医药商品购销员应该热心、细致、尽职地为顾客做好医药商品的包装工作。

1. 包装材料

医药商品对包装材料的基本要求是材质安全、卫生、美观大方、牢固结实、方便携带，能体现医药商品可靠的质量和一定的档次，颜色和图案应清爽、稳重、高雅，外形设计也要着力创新。包装常用的材料有包装纸、包装袋、包装盒、包装绳、印花纸、彩带、透明胶、双面胶、胶水等。

2. 包装功能

医药商品包装具有保护商品、美化商品、宣传商品的功能。医药商品包装一方面要适合医药商品的质量特性，好的包装能够保护药品免受冲击、破坏，在一定程度上实现药品的价值；另一方面还要体现企业形象。因此，优美的包装在给顾客带来方便的同时，还能起到无声的促销作用。

3. 包装类型

根据顾客需求，医药商品包装一般分为常规包装和礼品包装两种类型。

（1）**常规包装**。常规包装以顾客喜欢、方便携带、保护药品为出发点，步骤如下：

1）根据医药商品的大小选择适当的包装材料。

2）在顾客认可后，将医药商品装入包装袋中，若有拆零药品，应使用专用包装袋并写明药品名称、规格、用法用量、有效期、药店名称等内容。

3）双手交给顾客，致谢送客。

（2）礼品包装。礼品包装应根据顾客的需要选择尽量合适的包装袋、包装盒等材料，主要步骤有：

1）根据顾客需要、商品大小、接受方特点选择包装纸。

2）将包装纸平整、美观地包装在商品外，用透明胶或胶水叠缝黏牢。

3）捆扎丝带并黏花。

4）检查确认包装质量后，双手将礼品包装交给顾客，致谢送客。

4. 包装的注意事项

（1）在包装药品前，要当着顾客的面检查确认药品的数量和质量，让顾客放心，若有破损、缺漏等问题，应更换完好的一件补齐。若顾客购买的商品较多，应询问顾客是否需要暂时寄存或者邮寄。

（2）在包装时要注意保护药品，轻拿轻放，快速稳妥，避免污染或破坏药品。

（3）包装过程中应注意固体与液体药品、易破碎药品与一般药品、特殊储存条件药品与一般药品等要分开包装，液体药品应直立放置。

（4）包装过程中，医药商品购销员应规范专心操作，不能边聊天边包装，不得出现漏包、松捆、破损等问题。

（5）包装应遵循绿色环保、整齐美观、安全牢固、便于携带的原则。

（6）包装完成后，应双手将包装好的医药商品递给顾客，并以微笑致谢送客。

模块测试题

一、单项选择题（下列每题的选项中，只有 1 个是正确的，请将正确的代号填在括号内）

1. 商务场合的蹲姿应避免（　　）。

A. 双腿交叉　　　　　　　　　　B. 双腿高低

C. 侧对他人　　　　　　　　　　D. 背对他人

2. 以下服装中不适用正式场合穿着的是（　　）。

A. 西装　　　　B. 中山装　　　　C. 唐装　　　　D. 运动装

3. 接待顾客时，下列选项中不合适的目光交流是（　　）。

A. 注视顾客脸部倒三角区域　　　B. 注视顾客脸部正三角区域

C. 长时间目不转睛注视　　　　　D. 适当移开目光

4. 下列选项中，交际距离适用接待顾客的是（　　）。

A. 亲密距离　　B. 个人距离　　　C. 社交距离　　　D. 公众距离

5. 对（　　）顾客不宜过多询问和特别关注，否则会令其不舒服甚至将其吓跑。

　　A. 习惯型　　　　B. 理智型　　　　C. 感情型　　　　D. 躲闪型

6. 下列不属于医药商品购销员提供服务的是（　　）。

　　A. 开具处方　　　　　　　　　　B. 非处方药品推荐

　　C. 合理用药指导　　　　　　　　D. 中药饮片的代煎

7. 下列选项中，不属于成交时机的是（　　）。

　　A. 顾客不断点头　　　　　　　　B. 顾客询问用法用量

　　C. 顾客询问价格　　　　　　　　D. 顾客心不在焉

8. 药品零售给消费者时，下列选项中不必分开包装的药品是（　　）。

　　A. 固体药品与液体药品　　　　　B. 外用药和内服药

　　C. 冷链药品和一般药品　　　　　D. 妇科药品和儿科药品

9. 处理顾客投诉时，行为态度不可取的是（　　）。

　　A. 据理力争　　　　　　　　　　B. 认真倾听

　　C. 安抚情绪　　　　　　　　　　D. 解决问题

10. 下列关于医药商品包装的原则与注意事项的说法，错误的是（　　）。

　　A. 包装前应检查确认医药商品的数量和质量

　　B. 包装应选用高档包装材料以突显药品的价值

　　C. 包装时固体药品与液体药品应分开包装

　　D. 包装应遵循整齐美观、安全牢固、便于携带的原则

二、判断题（下列判断正确的请打"√"，错误的请打"×"）

1. 医药商品购销员在工作场合不能佩戴饰物。　　　　　　　　　　　（　　）

2. 下蹲捡拾物品或帮助别人时，应侧身朝向他人。　　　　　　　　　（　　）

3. 医药商品购销员与顾客交流时，目光应始终直视对方，直至交谈结束。

（　　）

4. 与客户交谈时，距离在 0～45 cm 是合适的。　　　　　　　　　　（　　）

5. 对于习惯型、理智型的顾客，应做好导购服务，而不应过多推荐产品。

（　　）

6. 包装药品时，注意将固体药品与液体药品分开、外用药和内服药分开、冷链药品和一般药品分开。　　　　　　　　　　　　　　　　　　　　　（　　）

7. 在收银时，医药商品购销员需要向顾客说清楚收款和找零即可。（　　）

8. 为顾客携带方便,所有医药商品可以统一装在一个包装袋里。（ ）
9. 在接待难为情型顾客时,应尊重顾客心理,注意保护顾客隐私。（ ）
10. 顾客与医药商品购销员眼光相碰的时候是初步接触的良好时机。（ ）

模块测试题答案

一、单项选择题

1. D   2. D   3. C   4. C   5. D   6. A   7. D   8. D
9. A   10. B

二、判断题

1. ×   2. √   3. ×   4. ×   5. √   6. √   7. ×   8. ×
9. √   10. √

职业模块 ② 药品介绍

　　药品是特殊的商品，如果使用不当，可能威胁人的生命安全。因此，掌握常见药品的知识，包括药品名称、适应证、使用方法是初级医药商品购销员的核心要求。此外，在药学服务过程中，区分处方药与非处方药、熟练掌握药物合理使用的相关知识，是医药商品购销员必不可少的职业技能。

培训课程 1

处方药和非处方药

培训目标

1. 掌握处方药与非处方药的概念,能区分处方药与非处方药;
2. 熟悉处方药与非处方药的分类管理办法、流通管理的有关规定;
3. 能够识别并正确使用非处方药的标志。

一、处方药与非处方药的分类管理

处方药与非处方药分类管理是指依照药品安全性和使用便利性,将药品划分为处方药和非处方药两类,根据其特点分门别类进行管理的一种药品管理制度。

为了防止药品滥用、保证用药安全,我国于 2001 年开始实施的《药品管理法》第 37 条就明确规定:"国家对药品实行处方药与非处方药分类管理制度,具体办法由国务院制定。"[1] 至此,我国药品分类管理制度上升到法律高度。此后国家又出台了一系列规范性文件,从各个方面保障药品分类管理制度的实施。

值得注意的是,处方药与非处方药是药品分类管理制度赋予的概念,并非药品的本质属性。这一制度的建立既防止消费者滥用药物危及自身健康,又引导消费者科学合理地进行自我药疗,保证公众用药安全有效、方便及时。

1. 处方药的概念及管理

处方药是必须凭执业医师或助理执业医师的处方才可调配、购买和使用的药品。

---

[1] 2019 年 12 月 1 日起施行的最新《药品管理法》第五十四条规定"国家对药品实行处方药与非处方药分类管理制度。具体办法由国务院药品监督管理部门会同国务院卫生健康主管部门制定"。

处方药尽管经过了国家药品监督管理部门审批，证明其安全有效，但可能由于尚缺乏长期的考察，其安全性未明，或者不方便使用等原因，不适于自我使用。处方药的管理有如下要点：

（1）**标签、说明书的管理**。进入流通领域的处方药的包装标签或者说明书必须印有警示语或忠告语："凭医师处方销售、购买和使用！"

一般处方药没有专有标识，但我国实行特殊管理的药品，如麻醉药品、精神药品、医疗用毒性药品和放射性药品等处方药的说明书和包装标签上必须印有规定的专有标识。

（2）**广告管理**。处方药只能在国务院卫生行政部门和国家药品监督管理部门共同制定的专业性医药报刊上进行广告宣传，不得在大众媒体上发布广告，或者以其他方式进行以公众为对象的广告宣传。其目的是严格管理，防止对消费者可能产生的误导，使消费者能正确地理解和使用处方药。各级市场监督管理部门、国家药品监督管理部门要结合医疗和药品广告的整顿工作，加强对处方药广告的审批、监督和检查，特别要加大对处方药在大众媒体违规发布广告的检查力度。

2. 非处方药的概念及管理

非处方药是指由国务院药品监督管理部门公布的，不需要凭执业医师和执业助理医师处方，消费者可以自行判断、购买和使用的药品。

国家根据药品的安全性又将非处方药分为甲、乙两类，乙类非处方药更安全。总体来说，非处方药是经过临床较长时间验证、疗效肯定、服用方便、被实践证明消费者可以在药师指导下自主选择的药品，公众凭自我判断购买后须按非处方药标签和说明书所示内容合理使用。非处方药的管理要点如下：

（1）**包装**。非处方药的包装必须印有国家规定的非处方药专有标识，以便消费者识别和执法人员监督检查；包装必须符合质量要求，方便储存、运输和使用；每个销售基本单元的包装必须附有标签和说明书。

（2）**标签和说明书**。非处方药的标签和说明书是指导患者正确判断适应证、安全用药的重要文件。非处方药的标签和说明书必须经过国家药品监督管理部门批准，用语要科学、易懂，便于消费者理解、选择和使用。标签内容不得超出非处方药说明书的内容范围。非处方药的适应证、用法用量须与公布的非处方药说明书范本一致，禁忌证、注意事项、不良反应不得少于范本内容，不得以任何形式扩大适应证范围。

（3）**警示语或忠告语**。非处方药标签以及说明书或者包装必须印有警示语或忠告语："请仔细阅读药品使用说明书，并按说明书使用或在药师指导下购买和使用！"

（4）**广告管理**。非处方药是方便消费者自我保健治疗的药品，消费者应详细了解其治疗功效。因此，非处方药可以在大众媒介上进行广告宣传，但广告内容必须经过审核批准，不能任意夸大或篡改功效，以正确引导消费者科学合理地进行自我药疗。各级市场监督管理部门、国家药品监督管理部门[①]要加强对非处方药广告的审批、监督和检查，特别要加大对非处方药在大众媒体违规发布广告的检查力度。

（5）**非处方药专有标识管理**。非处方药专有标识是用于已列入《国家非处方药目录》，并通过药品监督管理部门审核登记的非处方药药品标签、使用说明书、内包装、外包装的专有标识，也可用作经营非处方药药品的企业指南标志。

二、处方药和非处方药的流通管理有关规定

处方药和非处方药在药品生产、批发企业销售，药品零售企业零售以及医疗机构处方与使用等流通各环节的管理要求上存在一定差异，具体要点如下：

1. 药品生产、批发企业销售

处方药、非处方药的生产销售、批发销售业务必须由具有《药品生产企业许可证》《药品经营企业许可证》的药品生产、批发企业经营。药品生产、批发企业应按规定向零售企业、医疗机构销售处方药和非处方药，不得直接向患者推荐、销售处方药。

生产企业应在进入流通领域的处方药和非处方药的包装、说明书上醒目地印刷相应的警示语和忠告语。

处方药：凭医师处方销售、购买和使用！

非处方药：请仔细阅读药品使用说明书，并按说明使用或在药师指导下购买

---

① 《药品、医疗器械、保健食品、特殊医学用途配方食品广告审查管理暂行办法》已于 2019 年 12 月 13 日经国家市场监督管理总局 2019 年第 16 次局务会议审议通过并予公布，自 2020 年 3 月 1 日起施行。

其中，第四条规定国家市场监督管理总局负责组织指导药品、医疗器械、保健食品和特殊医学用途配方食品广告审查工作。

各省、自治区、直辖市市场监督管理部门、药品监督管理部门负责药品、医疗器械、保健食品和特殊医学用途配方食品广告审查，依法可以委托其他行政机关具体实施广告审查。

和使用!

2. 药品零售企业零售

零售药店必须具有《药品经营许可证》，并配备驻店执业药师或药师以上药学技术人员。《药品经营许可证》和执业药师注册证应悬挂在醒目的地方，执业药师需佩戴标明其姓名、技术职称等内容的胸卡。

零售药店销售处方药必须凭执业医师或执业助理医师的处方方可销售、购买和使用。执业药师或药师必须对医师处方进行审核，处方签字确认后进行药品的调配、销售。不得擅自更改或代用处方；对有配伍禁忌或超剂量的处方应当拒绝调配、销售，必要时，经过处方医师更正或重新签字后，方可调配、销售。

零售药店中，处方药与非处方药应当分柜摆放，不得采用有奖销售、附赠药品或礼品销售等销售形式，处方药不得开架销售。在经营处方药和甲类非处方药的药品零售企业中，执业药师或者其他依法经过资格认定的药学技术人员不在岗时，应当挂牌告知，并停止销售处方药和甲类非处方药。

零售药店的甲类、乙类非处方药可以不凭医师处方销售、购买和使用，但患者要在执业药师或药师的指导下进行购买和使用。

3. 医疗机构处方与使用

医疗机构可以根据临床及门诊的需要，按照法律、法规的规定使用处方药和非处方药。

4. 其他流通渠道

非处方药中安全性更高的一些药品划为乙类非处方药，并可在药店出售，也可经药品监督管理部门批准在超市、宾馆、百货商店销售。乙类非处方药包装印有绿色 OTC 标识。普通企业销售乙类非处方药应设有专门货架，从合法生产、批发企业购进药品并保存采购记录。

销售乙类非处方药的商业企业必须配备专职的具有高中以上文化程度，经专业培训，由省级药品监督管理部门或者省级授权的相关药品监督管理部门考核合格并取得上岗证的工作人员。

三、非处方药专有标识管理

非处方药药品自药品监督管理部门核发《非处方药药品审核登记书》之日起，可以使用非处方药专有标识。

经营非处方药药品的企业自 2000 年 1 月 1 日起可以使用非处方药专有标识。经营非处方药药品的企业在使用非处方药专有标识时，必须执行国家药品监督管理局公布的坐标比例和色标要求。

我国非处方药专有标识图案为椭圆形背景下的 OTC（over the counter）3 个英文字母的组合，如图 2-1 所示。OTC 也是国际上对非处方药的习惯称谓。

图 2-1　我国非处方药专有标识
a）甲类非处方药专有标识（红色）　b）乙类非处方药专有标识（绿色）

非处方药专有标识图案分为红色和绿色，红色专有标识用于甲类非处方药药品，绿色专有标识用于乙类非处方药药品和用作指南性标志。

使用非处方药专有标识时，药品的说明书和大包装上可以单色印刷，标签及其他包装必须按照国家药品监督管理局公布的色标印刷。单色印刷时，非处方药专有标识下方必须标示"甲类"或"乙类"字样。非处方药专有标识应与药品标签、使用说明书、内外包装一体化印刷，其大小可以根据实际需要设定，但必须醒目、清晰，并按照国家药品监督管理局的要求使用。

非处方药药品标签、使用说明书和每个销售基本单元包装印有中文药品通用名称（商品名称）的一面（一侧），其右上角是非处方药专有标识的固定位置。看此位置是否有"OTC"字样，是广大消费者和医药商品购销员判定药品是否为非处方药的最简便方法。

"双跨"药品相关知识

有些药品根据其适应证、剂量和疗程不同，既可以作为处方药，又可以作为非处方药，这种具有双重身份的药品可称为"双跨"药品。

情景教学：

顾客："购销员，问一下，为什么同样的阿司匹林肠溶片，这个有OTC标识，柜台中另一个没有呢？我该用哪个好？"

医药商品购销员："（微笑）您好！您真细心，这两盒药的名称确实是一样的，但这盒阿司匹林肠溶片（0.3 g）的药品名称右上角有一个绿色专有标识OTC，另一个就没有。有OTC标识的药是非处方药，药品说明书上提示您：'请仔细阅读药品使用说明书并按说明使用或在药师指导下购买和使用！'另一盒阿司匹林肠溶片（0.1 g）就没有这个专有标识，我们再看一下这盒药的说明书，上面提示：'凭医师处方销售、购买和使用！'。"

顾客："这我就不明白了，同一个药，为啥一个可以看说明书使用，另一个要听医生的呢？"

医药商品购销员："我们再一起看看说明书上写的适应证，阿司匹林肠溶片（0.1 g）主要用于治疗风湿、类风湿性关节炎及心血管疾病。这些病需要医生根据患者病情用专业知识给予明确的诊断，开出适宜的用药方案，患者应用才能更安全有效。这些病的病程一般较长，病情变化较复杂，所以应在医生的指导下确定疗程长短。而这个（0.3 g）阿司匹林肠溶片主要用于解热、镇痛，常用于感冒发热、全身酸痛等症状。这病常见，一般只需3～5天短期服药就有效，其安全性是经过长期验证的，所以可以自行购买。因此，这两盒药没有好坏之分，需要根据病情来选择，您明白了吗？"

顾客："哦，明白了，您解释得真清楚。"

点评：上面案例中提到的阿司匹林肠溶片就是一个常见的"双跨"类药品，大部分消化系统药品、解热镇痛类药品是"双跨"类药品，此类药品的部分适应证是适合自我判读、自我药疗的，因此在"限适应证、限剂量、限疗程"的规定下，可作为非处方药管理，而患者难以判断的部分药品仍作为处方药管理。

四、使用非处方药的注意事项

1. 指导消费者正确购买非处方药

（1）**正确判断疾病**。医药商品购销员应主动询问患者的病情，通过已掌握的有关药品知识，对顾客症状进行初步判断，以确定是否适合应用非处方药，用何种非处方药。如果病因不明或病情较重，则不宜应用非处方药。

（2）**明确用药禁忌及药物间相互作用**。医药商品购销员应明确患者现用药情况，判断患者的疾病和体质是否有不宜购买应用的药物，已使用药与欲购药物间是否有配伍禁忌、重复应用等情况，并根据患者实际情况合理推荐药品，如糖尿病患者感冒咳嗽时就应尽量避免推荐含糖量高的止咳糖浆。

2. 指导消费者正确使用非处方药

（1）**指导消费者按说明书准确用药**。患者的年龄、性别、体重等因素有差异，医药商品购销员应结合患者具体情况，根据药品说明书中的要求告知患者药物的用法、用量、疗程，避免用药量不足达不到预期疗效，或过量用药导致毒副作用增加，甚至引起中毒。

有些药物有特殊服药要求时，医药商品购销员应重点提示顾客，如饭前或睡前服用、首剂加倍服或逐渐增量服等。

（2）**避免应用变质及超过有效期药品**。医药商品购销员应提示患者注意正确保存药品，禁止应用超过有效期的药品，或在有效期内因存放不当等原因出现混浊、变色、粘连、发霉等现象的变质药品。

非处方药应用较为安全，但由于患者的病情发展以及自身医疗知识掌握程度不同，因此，患者在使用非处方药进行自我治疗一段时间后（一般3~5天），如果症状未见缓解，应及时去医院诊断治疗，以免延误病情。用非处方药出现最常见的副作用如头痛、眩晕、焦虑、药疹、腹泻甚至过敏休克，此时应尽快就医。

处方药与非处方药的分类管理

实训准备：若干处方药空包装、若干非处方药空包装、药品分类码放的柜台、专有标识道具、模拟实训药房。

实训步骤1　自我学习，初步认知

随机拿取药品的外包装盒、内包装、说明书，小组内自主学习，识别判断处方药、非处方药，认识非处方药专有标识，并根据标识判断出甲、乙两类非处方药，说明判断依据；认识药品说明书中的警示语，理解处方药与非处方药，甲、乙两类非处方药的分类依据。

实训步骤 2　小组竞赛，知识巩固

教师进行相关技能指导与讲解，学生基本掌握后，分组竞赛。4 人一组，其中 2 人负责将现有药盒按处方药、非处方药分类陈列，并区分甲类、乙类非处方药；另外 2 人负责检查前面两名同学的摆放正误情况。用时最短、准确率最高的组得分最高，考核评分标准见表 2–1。各组代表抽取教师事先准备的关于处方药与非处方药管理规定的相关问题进行回答，根据各组代表答题准确与完整情况，分别再给各小组加分。

评分标准：

表 2–1　非处方药的分类管理考核标准及评分表

序号	考核内容	考核要点	分值	得分
1	仪容仪表仪态	仪容整洁、仪表大方、仪态得体	10	
		精神面貌饱满，语言得体，表达顺畅	5	
2	药品分类	处方药、非处方药分柜摆放，处方药不得开架	10	
		非处方药区域标识清晰，标识使用得当	5	
3	考核药品 1	药品类别归类准确，标识指认无误	10	
		药品相关管理要求理解清晰，回答问题准确	15	
4	考核药品 2	药品类别归类准确，标识指认无误	10	
		药品相关管理要求理解清晰，回答问题准确	15	
5	非处方药注意事项	能够根据自己的理解全面介绍非处方药使用中的注意事项	20	
		合计	100	

培训课程 2
常用药物的适应证和使用方法

培训目标

1. 掌握常用药物的适应证和使用方法；
2. 熟悉常用药物的通用名、商品名和英文名；
3. 熟悉常见各类药物的分类和主要代表药物。

一、解热镇痛抗炎药

解热镇痛抗炎药也称为非甾体类抗炎药，这是一类具有解热镇痛作用的药物，并且大多数药物还有抗炎、抗风湿作用。常见的解热镇痛抗炎药物按化学结构可分四类：水杨酸类，如乙酰水杨酸；苯胺类，如对乙酰氨基酚；吡唑酮类，如保泰松；其他有机酸类，如布洛芬、双氯酚酸、萘普生、吲哚美辛等。另外，该类药在临床上还有很多复方制剂，如复方氨酚烷胺（感康、快克）、小儿氨酚黄那敏、白加黑、速效感冒胶囊、泰诺、散利痛等。

1. 临床主要作用

解热镇痛抗炎药临床上主要有以下几方面作用：

（1）**解热**。解热镇痛抗炎药能使发热者体温降低到正常水平，而对体温正常者几乎无影响，在临床上仅作为对症治疗药物。发热是人体的一种防御性反应，热型也是医生诊断疾病的重要依据，因此对于一般的发热者不必急于使用解热药，以免用药后改变体温、掩盖病情、影响诊断。但体温过高或持续性发热会使人体不适，如头疼、失眠甚至昏迷、惊厥等，这时应用解热药物可降低体温并缓解高热引起的并发症。老人、幼儿、体弱患者应严格选择药物用量，避免体温骤降、出汗过多而引起虚脱。

（2）**镇痛**。解热镇痛抗炎药仅用于轻中度慢性钝痛，如头痛、牙痛、神经痛、肌肉痛、关节痛及痛经等，具有良好的镇痛效果。由于长期应用此类药物一般不产生耐受性和依赖性，故临床应用广泛，但对各种严重创伤性剧痛及内脏平滑肌绞痛等急性锐痛无效。

（3）**抗炎、抗风湿作用**。除以对乙酰氨基酚为代表的苯胺类解热镇痛抗炎药以外，其他各类解热镇痛抗炎药均有抗炎、抗风湿的作用，可用于炎症性疼痛及风湿、类风湿性关节炎等。

2. 常见解热镇痛抗炎药适应证及使用方法

阿司匹林 Aspirin

【商品名或别名】拜阿司匹灵、巴米尔；化学名：乙酰水杨酸。

【适应证】本品除具有解热、镇痛和抗炎、抗风湿作用，还能抑制血小板聚集，防止血栓形成。临床适用于以下情况：①用于普通感冒或流行性感冒引起的发热，也用于缓解轻至中度疼痛，如头痛、关节痛、偏头痛、牙痛、肌肉痛、神经痛、痛经。②治疗风湿热、风湿性关节炎、类风湿性关节炎的首选药物。③小剂量服用阿司匹林是预防缺血性脑卒中的标准治疗方案。阿司匹林还可用于预防心肌梗死、心房颤动、人工心脏瓣膜、动静脉瘘或其他手术后的血栓形成，也可用于治疗不稳定型心绞痛。

【使用方法】遵医嘱或按药品说明书使用。

对乙酰氨基酚 Paracetamol

【商品名或别名】扑热息痛、百服宁、必理通、泰诺林。

【适应证】主要用于普通感冒或流行性感冒引起的发热，也用于缓解轻至中度疼痛，如头痛、关节痛、偏头痛、牙痛、肌肉痛、神经痛、痛经。

【使用方法】对乙酰氨基酚栓（0.15 g）直肠给药：1~6岁儿童一次1粒，塞入肛门内，若持续发热或疼痛，可间隔4~6 h重复用药一次，24 h内不超过4粒。

缓释片剂（650 mg）口服：成人一次1~2片，12~18岁儿童一次1片，若持续发热或疼痛，每8 h一次，24 h不超过3次。

对乙酰氨基酚片（0.5 g）口服：6~12岁儿童，一次0.5片；12岁以上儿童及成人一次1片，若持续发热或疼痛，可间隔4~6 h重复用药一次，24 h内不得超过4次。

本品多为复方制剂，如酚麻美敏片（泰诺）、复方氨酚葡锌片（康必得）、复方氨酚烷胺（快克）、新康泰克、感康、银得菲等，均用于治疗普通感冒或流行性感冒引起的发热、头痛、鼻塞、咽痛等症状。

布洛芬 Ibuprofen

【商品名或别名】芬必得、安瑞克、美林。

【适应证】本品为非甾体类抗炎和抗风湿药,多作为非处方药使用。①缓解轻至中度疼痛,如头痛、关节痛、偏头痛、牙痛、肌肉痛、神经痛、痛经;②用于普通感冒或流行性感冒引起的发热;③缓解类风湿性关节炎、骨关节炎、脊柱关节病、痛风性关节炎、风湿性关节炎等各种慢性关节炎的急性发作期或持续性的关节肿痛症状,用于无病因治疗及控制病程;④治疗非关节性的各种软组织风湿性疼痛,如肩痛、腱鞘炎、滑囊炎、肌痛及运动后损伤性疼痛等。

【使用方法】多种剂型,请遵医嘱或按药品说明书使用。

吲哚美辛 Indometacin

【商品名或别名】消炎痛、美达新、意施丁。

【适应证】①用于关节炎,可缓解疼痛和肿胀;②用于软组织损伤和炎症;③解热;④其他:用于治疗偏头痛、痛经、手术后痛、创伤后痛等。

【使用方法】多种剂型,请遵医嘱或按药品说明书使用。

双氯芬酸 Diclofenac

【商品名或别名】双氯灭痛、扶他林。

【适应证】①缓解类风湿性关节炎、骨关节炎、脊柱关节病、痛风性关节炎、风湿性关节炎等各种慢性关节炎的急性发作期或持续性的关节肿痛症状;②缓解各种软组织风湿性疼痛,如肩痛、腱鞘炎、滑囊炎、肌痛及运动后损伤性疼痛等;③缓解急性的轻、中度疼痛,如手术、创伤、劳损后的疼痛,原发性痛经,牙痛,头痛等;④对成人和儿童的发热有解热作用。

【使用方法】多种剂型,请遵医嘱或按药品说明书使用。

萘普生 Naproxen

【商品名或别名】倍利。

【适应证】治疗风湿性和类风湿性关节炎、骨关节炎、强直性脊柱炎、痛风、关节炎、腱鞘炎,也可用于缓解肌肉骨骼扭伤、挫伤、损伤以及痛经等所致疼痛。

【使用方法】遵医嘱或按药品说明书使用。

复方氨酚烷胺 Compound Paracetamol and Amantadine Hydrochloride

【商品名或别名】快克、感康。

【适应证】缓解普通感冒及流行性感冒引起的发热、头痛、四肢酸痛、打喷嚏、流鼻涕、鼻塞、咽痛等症状。

【使用方法】片剂。口服：成人一次1片，一日2次。

注：小儿复方氨酚烷胺与复方氨酚烷胺均为复方制剂，两药适应证相同。小儿复方氨酚烷胺用量：口服；1~2岁，一次半片；2~5岁，一次1片；5~12岁，一次1~2片，一日2次。

小儿氨酚黄那敏 Pediatric Paracetamol, Atificial Cow-bezoar and Chlorphenamine Maleate

【商品名或别名】护彤、999、小快克。

【适应证】缓解儿童普通感冒及流行性感冒引起的发热、头痛、四肢酸痛、打喷嚏、流鼻涕、鼻塞、咽痛等症状。

【用法用量】片剂。口服。儿童用量见表2-2。

表2-2　小儿氨酚黄那敏儿童用量表

年龄（岁）	体重（kg）	一次用量（片）	一日次数
1~3	10~15	0.5~1	一日3次
4~6	16~21	1~1.5	
7~9	22~27	1.5~2	
10~12	28~32	2~2.5	

技能训练

解热镇痛抗炎药

一、强化练习

1. 学生课余时间到网上或药店收集解热镇痛抗炎类药物的说明书，通过课外延展学习，进一步熟悉该类药物的商品名称、适应证及使用方法。注意区分各药品是处方药还是非处方药。

参考网站：药智网 https://db.yaozh.com

壹药网 https://www.111.com.cn

手机App：用药助手

2. 在作业本上填写完成表 2-3 有关内容，巩固所学知识。

表 2-3 常用解热镇痛抗炎药品名称、适应证、使用方法表

序号	通用名	商品名或别名	适应证	使用方法
1	阿司匹林			
2	对乙酰氨基酚			
3	布洛芬			
4	吲哚美辛			
5	双氯芬酸			
6	萘普生			
7	复方氨酚烷胺			
8	小儿氨酚黄那敏			

二、模拟实训：解热镇痛抗炎药介绍

实训准备： 工作服、药品陈列柜台、实训用药品、模拟药房。

实训步骤： 分组练习，4 人一组，每次通过抽签决定小组成员和本次实训用的 2 个解热镇痛抗炎药，由一名同学模拟医药商品购销员，另一名同学模拟顾客购买该药品。医药商品购销员全程接待顾客，并为顾客进行药品适应证、使用方法的介绍。其他两人观察他们的情境扮演、模拟接待、药品介绍中的优缺点，并及时记录打分。模拟结束后，两人负责点评小组内医药商品购销员和顾客的实践表现并提出建议。各小组点评人和模拟医药商品购销员互换组内角色并完成上述实训后，各小组推选最佳医药商品购销员和顾客参加组间模拟竞赛，教师和同学们共同给予指导点评，评选出最佳小组，考核评分标准见表 2-4。

考核要点：

1. 顾客进入药店后，医药商品购销员接待顾客的过程完整，语言规范合理。

2. 医药商品购销员能够灵活处理和应对顾客提出的问题，并能区分出顾客提到的有关药品是否为处方药，能熟练向顾客介绍其需要购买的非处方药品及药品的适应证、使用方法等。

3. 医药商品购销员在接待过程中表现仪态大方、语言表达流畅、有理有据、灵活自如。

评分标准：

表2-4 解热镇痛抗炎药实训考核标准及评分表

序号	考核内容	考核要点	分值	得分
1	仪容仪表仪态	仪容整洁、仪表大方、仪态得体	10	
		精神面貌饱满，语言得体，表达顺畅	10	
2	考核药品1	药品名称、适应证、用途介绍准确	15	
		药品的使用方法介绍无误	15	
3	考核药品2	药品名称、适应证、用途介绍准确	15	
		药品的使用方法介绍无误	15	
4	顾客接待过程完整	能够独立完成顾客接待的完整过程，从迎接顾客至完成药学服务、送客的各环节无差错	20	
		合计	100	

三、拓展提升

实训准备：模拟药房、药品陈列柜台、实训药品、销售交款小票等。

实训步骤1：接待顾客。

医药商品购销员："您好，您需要什么帮助？"

顾客："给我拿一盒快克、一盒感康，我儿子明天要去参加高中数学冬令营，今天感冒发烧、头痛，真愁人，唉！"

实训步骤2：向顾客介绍药品，指导用药。

医药商品购销员："您这两个药都买，是要一起用吗？"

顾客："嗯，听说这两个药挺好用，我给孩子赶紧都用上，让他快点好，省得耽误行程。"

医药商品购销员："您看这两个药的通用名称是一样的'复方氨酚烷胺'，只不过是生产厂家不同，所以商品名称不同，您要一起用，就吃重复了，过量用药可是会危害健康的！"

顾客："啊，光着急了，都没细看，多亏你了，那我就买'感康'吧，太谢谢了！"

实训步骤3：取药发药。

医药商品购销员开票，顾客付款，在解热镇痛类药品柜台中取出"感康"一盒，与顾客核对药品的规格数量与所购一致后发放药品。

实训步骤 4：指导用法用量。

医药商品购销员："这药一次 1 片，一日 2 次，您让孩子按时服药，多喝点水，早点休息，别太担心，很快就好了。"

注意事项：

1. 熟悉药品的使用说明书，了解药物的适应证、用法用量。
2. 取药时必须注意与顾客核对药品的名称、数量均无误后再发放药品。

另外，根据适应证、剂量和疗程的不同，某些药品既可能是处方药又可能是非处方药，是具有双重身份的"双跨"药品，在销售使用中应注意区分。

二、神经系统用药

神经系统药物种类较多，且多为处方药，本部分主要介绍抗帕金森病药、镇静催眠抗焦虑药和中枢兴奋药等。

1. 抗帕金森病药

震颤麻痹又称帕金森病，是中枢神经系统锥体外系运动功能失调的疾病，也是中老年人常见的神经系统变性疾病。运动徐缓、震颤和肌强直构成本病的三大主要症状。另外，老年性血管硬化、脑炎后遗症及长期服用抗精神病药等均可引起类似帕金森病的症状，称为帕金森综合征，其药物治疗与帕金森病相似。常用的抗帕金森病药分为拟多巴胺药和中枢性抗胆碱药两类。拟多巴胺药常用的有左旋多巴、卡比多巴、苄丝肼、盐酸金刚烷胺、溴隐亭等。中枢性抗胆碱药常用的有盐酸苯海索、卡马特灵等。

金刚烷胺 Amantadine

【商品名或别名】金刚胺、盐酸金刚烷胺、三环癸胺。

【适应证】用于帕金森病、帕金森综合征，药物诱发的锥体外系疾患，一氧化碳中毒后的帕金森综合征及老年人合并有脑动脉硬化的帕金森综合征；也用于防治 A 型流感病毒所引起的呼吸道感染。

【使用方法】遵医嘱。

苯海索 Trihexyphenidyl

【商品名或别名】盐酸苯海索、安坦、三己芬迪。

【适应证】用于帕金森病、帕金森综合征。也可用于药物引起的锥体外系疾患。

【使用方法】遵医嘱。

2. 镇静催眠抗焦虑药

镇静催眠药是一类中枢抑制药物。能使躁动不安、兴奋激动的病人恢复安静情绪的药物为镇静药，能够诱导和维持近似生理睡眠的药物为催眠药。两类药物没有区别，随着剂量的加大依次出现镇静、催眠、抗惊厥和麻醉作用。过高剂量会导致急性中毒，严重者可致死。

常用镇静催眠药分为以下三类：

（1）**巴比妥类**。根据作用时间的长短，可将巴比妥药物分为长效（苯巴比妥）、中效（异戊巴比妥）、短效（司可巴比妥）和超短效（硫喷妥）四类，其作用随剂量的增加相继出现镇静、催眠、抗惊厥、抗癫痫和麻醉作用。

巴比妥类药物的临床应用如下：

1）镇静催眠。小剂量巴比妥类药物可以起到镇静、缓解焦虑和烦躁不安状态；中剂量可以缩短入睡时间，司可巴比妥服药后15～20 min即可入睡，持续时间短，可用于不易入睡的患者。

2）抗惊厥。临床上应用于子痫、脑膜炎、脑炎、儿童高热、破伤风及中枢兴奋药引起的惊厥，可以肌肉注射苯巴比妥钠或使用作用迅速的短效药物异戊巴比妥钠；癫痫持续状态和子痫大发作可以用苯巴比妥治疗。

巴比妥类药曾广泛用于镇静催眠，治疗失眠症，但由于不良反应较苯二氮䓬类药明显，现已基本由苯二氮䓬类药取代。

（2）**苯二氮䓬类药**。本类药物因选择性高、安全范围大，具有镇静、催眠、抗焦虑和抗惊厥作用，是临床上抗焦虑和镇静催眠的常用药物。此类常用的药物有长效类的地西泮等、中效类的艾司唑仑等和短效类的三唑仑等。

（3）**其他类**。如：唑吡坦（佐匹坦）、佐匹克隆、扎来普隆等。

地西泮 Diazepam

【商品名或别名】安定。

【适应证】①主要用于焦虑、镇静催眠，还可用于抗癫痫和抗惊厥；②缓解炎症引起的反射性肌肉痉挛等；③用于治疗惊恐症；④用于肌紧张性头痛；⑤可治疗家族性、老年性和特发性震颤；⑥可用于麻醉前给药。

【使用方法】遵医嘱。

艾司唑仑 Estazolam

【商品名或别名】舒乐安定、忧虑定。

【适应证】主要用于抗焦虑、失眠。也用于医治紧张、恐惧及抗癫痫和抗惊厥。

【使用方法】遵医嘱。

苯巴比妥 Phenobarbitone

【商品名或别名】鲁米那。

【适应证】主要用于治疗焦虑、失眠（用于睡眠时间短、早醒患者）、癫痫及运动障碍，是治疗癫痫大发作及局限性发作的重要药物，也可用作抗高胆红素血症药及麻醉前用药。

【使用方法】遵医嘱。

3. 其他

中枢兴奋药是一类选择性地兴奋中枢神经系统、提高其机能活动的药物。中枢兴奋药主要分为三类：第一类为大脑皮层兴奋药，代表药物有咖啡因、盐酸哌醋甲酯（利他林）；第二类为延髓呼吸中枢兴奋药，代表药物有尼可刹米、盐酸洛贝林等；第三类是促进脑细胞代谢、提高中枢兴奋性药物，代表药有吡拉西坦（脑复康）、盐酸甲氯芬酯（氯酯醒）、胞二磷胆碱。

另外，还有改善脑循环及头晕的药物，治疗眩晕及原发性偏头痛的药物，如氟桂利嗪等。

吡拉西坦 Piracetam

【商品名或别名】脑复康。

【适应证】适用于急慢性脑血管病、脑外伤、各种中毒性脑病等多种原因所致的记忆减退及轻、中度脑功能障碍，也可用于儿童智能发育迟缓。

【使用方法】遵医嘱。

氟桂利嗪 Flunarizine

【商品名或别名】西比灵。

【适应证】①脑供血不足，椎动脉缺血，脑血栓形成后等；②耳鸣，脑晕；③偏头痛预防；④癫痫辅助治疗。

【使用方法】遵医嘱。

三、抗精神病药

精神失常是由多种原因引起的精神活动障碍的一类疾病，表现为思维、情感、行为的异常，临床上常见的有精神分裂症、情感性精神障碍（抑郁症、躁狂症）、焦虑症等几种类型。治疗精神失常的药物主要有抗精神病药、抗抑郁药、抗狂躁症药和抗焦虑药4类。

抗精神病药能有效控制精神病人的精神运动性兴奋、幻觉、妄想、思维异常等精神症状，但不影响意识和智能，其主要临床适应证为精神分裂症。常见抗精神病药有以氯丙嗪、氟哌啶醇为代表的传统抗精神病药物，但其不良反应较多，目前已是精神分裂症的二线用药。还有一类以氯氮平、利培酮、奥氮平、齐拉西酮等为代表的非传统抗精神病药物，广泛应用于临床。

利培酮 Risperidone

【商品名或别名】维思通。

【适应证】用于治疗急性和慢性精神分裂症，以及其他各种精神病性状态的明显阳性症状（如幻觉、妄想、思维紊乱、敌视、怀疑）和明显阴性症状（如反应迟钝、情绪淡漠及社交淡漠、少语）。也可减轻与精神分裂症有关的情感症状（如抑郁、负罪感、焦虑）。在急性期治疗有效的患者的维持期治疗中，本品可继续发挥其临床疗效。

可用于治疗双相情感障碍的躁狂发作，其表现为情绪高涨、夸大或易激惹、自我评价过高、睡眠要求减少、语速加快、思维奔逸、注意力分散或判断力低下（包括紊乱或过激行为）。

【使用方法】遵医嘱。

技能训练

神经系统药和抗精神病药

一、强化练习

1. 学生课余时间到网上或药店收集神经系统和抗精神病药物的说明书，通过课外延展学习，进一步熟悉该类药物的商品名称、适应证及使用方法。注意区分各药品是处方药还是非处方药。

参考网站：药智网 https：//db.yaozh.com

壹药网 https：//www.111.com.cn

手机 App：用药助手

2. 在作业本上将所学药物进行归纳，填写完成表2-5，巩固所学知识。

表2-5 常用神经系统药和抗精神病药名称、适应证、使用方法归纳总结表

序号	通用名	商品名或别名	适应证	使用方法
1	金刚烷胺			
2	苯海索			
3	地西泮			
4	艾司唑仑			
5	苯巴比妥			
6	吡拉西坦			
7	氟桂利嗪			
8	利培酮			

二、模拟实训：神经系统药和抗精神病药介绍

实践准备：工作服、药品陈列设备、实训用药品、模拟药房。

实践步骤：分组练习，4人一组，每次通过抽签决定小组成员和本次实训用的2个药品，由1名同学模拟医药商品购销员，另1名同学模拟顾客拟购买该药品，医药商品购销员全程接待顾客，并为顾客进行药品适应证、使用方法的介绍。其他两人观察他们的情境扮演、模拟接待、药品介绍中的优缺点，并及时记录打分。模拟结束后，其他两人负责点评小组内医药商品购销员和顾客的实践表现并提出建议。各小组点评人和模拟医药商品购销员互换组内角色，在重新完成上述实训后，各小组推选最佳医药商品购销员和顾客参加组间模拟竞赛，教师和同学们共同给予指导点评，评选出最佳小组，考核评分标准见表2-6。

考核要点：

1. 顾客进入药店后，医药商品购销员接待顾客的过程完整，语言规范合理。

2. 医药商品购销员能够灵活处理和应对顾客提出的问题，能区分出是否为处方药。顾客购买处方药时，在执业药师审核完处方后，医药商品购销员能配合药师做好处方药的取药、发药、交代使用方法等服务工作。医药商品购销员能熟练地向顾客介绍其需要购买的非处方药及其适应证、使用方法。

3. 医药商品购销员在接待过程中要做到仪态大方、语言表达流畅、有理有据、有力有度。

评分标准：

表 2-6 神经系统药和抗精神病药实训考核标准及评分表

序号	考核内容	考核要点	分值	得分
1	仪容仪表仪态	仪容整洁、仪表大方、仪态得体	10	
		精神面貌饱满，语言得体，表达顺畅	10	
2	考核药品1	药品名称、适应证介绍准确	15	
		药品的使用方法介绍无误	15	
3	考核药品2	药品名称、适应证介绍准确	15	
		药品的使用方法介绍无误	15	
4	顾客接待过程完整	能够独立完成顾客接待的完整过程，从迎接顾客至完成药学服务、送客的各环节无差错	20	
		合计	100	

四、抗微生物药

1. 抗微生物药的基本知识

（1）常见术语

1）抗微生物药。抗微生物药是指具有杀灭或抑制各种病原微生物作用的药品，主要用于防治细菌、真菌、病毒、衣原体、支原体、立克次体等引起的各种感染性疾病。本类药品主要包括抗生素、合成抗菌药、抗结核药、抗真菌药、抗病毒药等。

2）抗生素。抗生素是某些微生物（细菌、真菌、放线菌等）在繁殖过程中产生的能够杀灭或抑制其他微生物的一类物质及衍生物。抗生素需要从这些微生物培养液中提取获得，仅个别品种（如氯霉素）可以完全由人工合成得到。

3）抗菌药。抗菌药是指能抑制或杀灭细菌，用于预防和治疗细菌性感染的药物，包括人工合成抗菌药（喹诺酮类、磺胺类、咪唑类等）和抗生素。

4）抗菌谱。抗菌谱是每种药物抑制或杀灭病原菌的范围。根据抗菌药的抗菌范围可将其分为广谱抗菌药和窄谱抗菌药。常见广谱抗菌药如四环素和氯霉素等，窄谱抗菌药如青霉素等。

5）耐药性。耐药性又称抗药性，是指长期反复使用某种抗菌药后，导致病原体（微生物、寄生虫）对该药物敏感性下降甚至消失，致使药物对该病原体的疗效降低或无效。

（2）**抗生素的分类**。目前临床上将抗生素分为以下几类，见表2-7。

表2-7 抗生素药品分类表

序号	类别	常见药物
1	β-内酰胺类	青霉素类：青霉素G、氨苄青霉素、羟氨苄青霉素
		头孢菌素类：头孢氨苄、头孢噻肟、头孢哌酮
2	大环内酯类	红霉素、阿奇霉素、乙酰螺旋霉素等
3	氨基糖苷类	庆大霉素、阿米卡星、小诺米星等
4	四环素类	四环素、土霉素、米诺环素
5	氯霉素类	氯霉素、甲砜霉素等
6	抗真菌抗生素	灰黄霉素、制霉菌素
7	其他类	林可霉素、克林霉素、多黏菌素等

2. 常用抗生素的适应证及使用方法

（1）**青霉素类**。青霉素类是一类重要β-内酰胺类抗生素，按照来源不同，可分为天然青霉素和半合成青霉素两大类。天然青霉素有青霉素G、青霉素V钾等。半合成青霉素主要有：①耐酶青霉素，如苯唑西林；②耐酸、广谱青霉素，如氨苄西林、阿莫西林等；③广谱抗绿脓杆菌青霉素，如哌拉西林、美洛西林等；④复合青霉素类，如阿莫西林-克拉维酸钾、氨苄西林-舒巴坦等。青霉素类抗生素是自20世纪40年代以来临床上最常用的抗生素，至今仍然是治疗敏感菌感染的首选药物。

临床应用注意：青霉素类药物最常见的不良反应是过敏反应，如皮疹、哮喘、药物热、血管神经性水肿、过敏性休克等。因此，在应用时应特别注意以下几点：

1）用药前要询问病人有无过敏史，是否是过敏性体质，要慎重用药。

2）用药前要做皮试，皮试阳性者不能使用。

3）皮试阴性者可用药，肌内注射后应观察病人，待20 min无反应方可离开。

4）皮试前应备好必要的急救药物，皮试期间密切观察病人。

5）口服青霉素类药物与其他青霉素类药物有交叉过敏反应，对青霉素过敏者禁用。

青霉素 Benzylpenicillin

【商品名或别名】青霉素G、苄青霉素、盘尼西林。

【适应证】青霉素适用于敏感细菌所致的各种感染，如脓肿、菌血症、肺炎和心内膜炎等。其中青霉素为以下感染治疗的首选药物：①溶血性链球菌感染，如咽炎、扁桃体炎、猩红热、丹毒、蜂窝组织炎和产褥热等；②肺炎链球菌感染，如肺炎、中耳炎、脑膜炎和菌血症等；③不产青霉素酶的葡萄球菌感染；④炭疽；⑤破伤风、气性坏疽等梭状芽孢杆菌感染；⑥梅毒（包括先天性梅毒）；⑦钩端螺旋体病；⑧回归热；⑨白喉；⑩青霉素与氨基糖苷类药物联合用于治疗草绿色链球菌心内膜炎。

【使用方法】遵医嘱。

氨苄西林 Ampicillin

【商品名或别名】氨苄青霉素、安必仙。

【适应证】适用于敏感菌所致的呼吸道感染、胃肠道感染、尿路感染、软组织感染、心内膜炎、脑膜炎、败血症等。

【使用方法】遵医嘱。

阿莫西林 Amoxicillin

【商品名或别名】阿莫仙、羟氨苄青霉素。

【适应证】阿莫西林适用于敏感菌（不产β-内酰胺酶菌株）所致的下列感染：①溶血链球菌、肺炎链球菌、葡萄球菌或流感嗜血杆菌所致中耳炎、鼻窦炎、咽炎、扁桃体炎等上呼吸道感染；②大肠埃希菌、奇异变形杆菌或粪肠球菌所致的泌尿生殖道感染；③溶血链球菌、葡萄球菌或大肠埃希菌所致的皮肤软组织感染；④溶血链球菌、肺炎链球菌、葡萄球菌或流感嗜血杆菌所致急性支气管炎、肺炎等下呼吸道感染；⑤急性单纯性淋病；⑥本品尚可用于治疗伤寒、伤寒带菌者及钩端螺旋体病。

阿莫西林也可与克拉霉素、兰索拉唑三联用药根除胃、十二指肠幽门螺杆菌，降低消化道溃疡复发率。

【使用方法】片剂/胶囊剂（0.25 g）。口服：成人一次 0.5 g，每 6~8 h 一次，一日剂量不超过 4 g。

阿莫西林-克拉维酸钾 Amoxicillin and Clavulanate Potassium

【商品名或别名】奥格门汀、沃格孟汀。

【适应证】本品可用于治疗敏感菌株引起的下述感染：①下呼吸系统感染；②中耳炎；③鼻窦炎；④皮肤及皮肤软组织感染；⑤尿路感染等。

【使用方法】遵医嘱。

舒巴坦、克拉维酸钾等都是常用的β-内酰胺酶抑制剂，它们是一类新的β-

内酰胺类药物，单独使用几乎无抗菌作用，但与β-内酰胺类药物合用就可以使这些药的疗效增加几倍或数十倍，如阿莫西林-克拉维酸钾、头孢哌酮-舒巴坦等均为β-内酰胺酶抑制剂复合制剂。

（2）头孢菌素类。头孢菌素类是与青霉素类同属于β-内酰胺类抗生素，其具有抗菌谱广、杀菌作用强、耐β-内酰胺酶、过敏反应少、使用较安全的特点。根据头孢菌素开发年代和抗菌性能将其分为四代，其第一至第四代特点对比见表2-8。

表2-8 第一至第四代头孢菌素类特点对比列表

分代	代表药物	抗菌活性		应用特点
		G^+	G^-	
一代头孢	头孢氨苄、头孢拉定、头孢羟氨苄	++++	+	对青霉素酶稳定，但仍能被G^-菌的β-内酰胺酶破坏，对肾有一定毒性，用于耐药金葡菌及敏感菌所致轻、中度感染，如尿路感染、呼吸道感染和皮肤软组织感染等
二代头孢	头孢呋辛、头孢克洛、头孢美唑	+++	++	对多数β-内酰胺酶比较稳定，对肾毒性较第一代有所降低
三代头孢	头孢曲松、头孢噻肟、头孢他啶	+~++	+++	对β-内酰胺酶高度稳定，对肾基本无毒性，适用于敏感菌所致脑膜炎和重症耐药革兰阴性菌感染
四代头孢	头孢吡肟、头孢匹罗	++	++++	对β-内酰胺酶高度稳定，对多数耐药菌株的活性超过第三代头孢，对肾无毒性，用于重症耐药革兰阴性杆菌感染，特别是威胁生命的严重革兰阴性菌感染

头孢氨苄 Cefalexin

【商品名或别名】先锋霉素Ⅳ、申嘉。

【适应证】适用于敏感菌所致的急性扁桃体炎、咽峡炎、中耳炎、鼻窦炎、支气管炎、肺炎等呼吸道感染及尿路感染和皮肤软组织感染等。

【使用方法】遵医嘱。

头孢拉定 Cefradine

【商品名或别名】先锋霉素Ⅵ、泛捷复。

【适应证】适用于敏感菌所致的急性咽炎、扁桃体炎、支气管炎和肺炎等呼吸道感染及泌尿生殖道感染和皮肤软组织感染等。

【使用方法】胶囊剂（0.25 g）。口服，成人常用量：一次 0.25~0.5 g，每 6 h 一次，感染较严重者一次可增至 1 g，但一日总量不超过 4 g。

头孢噻肟 Cefotaxime

【商品名或别名】头孢氨噻肟、氨噻肟头孢菌素、凯福隆。

【适应证】适用于敏感细菌所致的肺炎及其他下呼吸道感染、尿路感染、脑膜炎、败血症、腹腔感染、盆腔感染、皮肤软组织感染、生殖道感染、骨和关节感染等。头孢噻肟可以作为小儿脑膜炎的选用药物。

【使用方法】遵医嘱。

（3）**氨基糖苷类**。除链霉素外，氨基糖苷类抗生素的抗菌谱广，对革兰阳性菌、阴性菌均有效，尤其对革兰氏阴性杆菌作用突出，主要用于革兰氏阴性杆菌引起的全身感染，如下呼吸道、泌尿道、肠道、腹腔及软组织感染等。本类药对链球菌作用差，不宜用于上呼吸道感染（链球菌是引起上呼吸道感染的主要细菌之一）。口服吸收差，仅用于肠道感染。注射剂给药较适用于尿道感染的治疗（经肾排出）。本类药有耳毒性和肾毒性，在使用中要特别注意。

常用的有链霉素、庆大霉素、妥布霉素、阿米卡星、奈替米星、大观霉素等。

庆大霉素 Gentamicin

【商品名或别名】瑞贝克。

【适应证】注射给药用于敏感菌所致的严重感染，如败血症、下呼吸道感染、肠道感染、盆腔感染、腹腔感染、皮肤软组织感染、复杂性尿路感染等。还可用于敏感细菌所致的中枢神经系统感染，如脑膜炎、脑室炎时，可同时用本品鞘内注射作为辅助治疗。口服给药适用于治疗细菌性痢疾或其他细菌性肠道感染，也可用于结肠术前准备。

【使用方法】遵医嘱。

阿米卡星 Amikacin

【商品名或别名】丁胺卡那霉素。

【适应证】本品适用于铜绿假单胞菌及部分其他假单胞菌、大肠埃希菌、变形杆菌属、克雷伯菌属、肠杆菌属、沙雷菌属、不动杆菌属等敏感性革兰氏阴性杆菌与葡萄球菌属（甲氧西林敏感株）所致严重感染，如菌血症或败血症、细菌性心内膜炎、下呼吸道感染、骨关节感染、胆道感染、腹腔感染、复杂性尿路感染、皮肤软组织感染等。由于本品对多数氨基糖苷类钝化酶稳定，故尤其适用于治疗革兰氏阴性杆菌对卡那霉素、庆大霉素或妥布霉素耐药菌株所致的严重感染。

【使用方法】遵医嘱。

（4）**大环内酯类**。大环内酯类抗生素是由链霉菌产生或经半合成而制得的一类有 14～16 元内酯环的抗生素。抗菌特点是对 G^+ 菌及某些 G^- 球菌、军团菌、衣原体、支原体敏感。用于青霉素耐药菌的感染、肺炎、呼吸道感染等，也用于青霉素过敏者。本类药品毒性较低，无严重不良反应，常见胃肠道反应。

老一代大环内酯类代表药物是红霉素，但服用剂量大，有较强的胃肠道反应，目前广泛使用疗效好、副作用小的新一代药物，主要有罗红霉素、阿奇霉素、克拉霉素等。

阿奇霉素 Azithromycin

【商品名或别名】维宏、希舒美。

【适应证】本品适用于敏感致病菌株所引起的下列感染：①化脓性链球菌引起的急性咽炎、急性扁桃体炎；②敏感细菌引起的鼻窦炎、中耳炎、急性支气管炎、慢性支气管炎急性发作；③肺炎链球菌、流感嗜血杆菌以及肺炎支原体所致的肺炎；④沙眼衣原体及非多重耐药淋病奈瑟菌所致的单纯性尿道炎、宫颈炎及男女生殖器感染；⑤敏感细菌引起的皮肤软组织感染。

【使用方法】遵医嘱。

克拉霉素 Clarithromycin

【商品名或别名】克拉仙、利迈先、甲力。

【适应证】适用于克拉霉素敏感菌所引起的下列感染：①鼻咽感染：扁桃体炎、咽炎、鼻窦炎；②下呼吸道感染：急性支气管炎、慢性支气管炎急性发作和肺炎；③皮肤软组织感染：脓疱病、丹毒、毛囊炎、疖和伤口感染；④急性中耳炎、肺炎支原体肺炎、沙眼衣原体引起的尿道炎及宫颈炎等；⑤军团菌感染，或与其他药物联合用于鸟分枝杆菌感染、幽门螺杆菌感染。

【使用方法】遵医嘱。

罗红霉素 Roxithromycin

【商品名或别名】严迪、罗迈新、丽珠星。

【适应证】本品适用于化脓性链球菌引起的咽炎及扁桃体炎，敏感菌所致的鼻窦炎、中耳炎、急性支气管炎、慢性支气管炎急性发作，肺炎支原体或肺炎衣原体所致的肺炎，沙眼衣原体引起的尿道炎和宫颈炎，敏感细菌引起的皮肤软组织感染。

【使用方法】片剂（150 mg）。空腹口服，一般疗程为 5～12 日。成人：一次 150 mg，一日 2 次；也可一次 300 mg，一日 1 次。儿童：一次按体重 2.5～5 mg/kg 服用,一日2次。

乙酰螺旋霉素 Acetylspiramycin

【商品名或别名】醋酸螺旋霉素、螺旋霉素。

【适应证】适用于敏感葡萄球菌、链球菌属和肺炎链球菌所致的轻、中度感染,如咽炎、扁桃体炎、鼻窦炎、中耳炎、牙周炎、急性支气管炎、慢性支气管炎急性发作、肺炎、非淋菌性尿道炎、皮肤软组织感染,也可用于隐孢子虫病,或作为治疗妊娠期妇女弓形体病的选用药物。

【使用方法】片剂(0.1 g)。口服。成人:一次 0.2~0.3 g,一日 4 次,首次加倍。儿童:每日按体重 20~30 mg/kg 分 4 次服用。

琥乙红霉素 Erythromycin Ethylsuccinate

【商品名或别名】利君沙。

【适应证】①本品可作为青霉素过敏患者治疗下列感染的替代用药:溶血性链球菌、肺炎链球菌等所致的急性扁桃体炎、急性咽炎、鼻窦炎,溶血性链球菌所致猩红热、蜂窝组织炎,白喉及白喉带菌者,气性坏疽、炭疽、破伤风、放线菌病,梅毒、李斯特菌病等;②军团菌病;③肺炎支原体肺炎;④肺炎衣原体肺炎;⑤衣原体属、支原体属所致泌尿生殖系感染;⑥沙眼衣原体结膜炎;⑦厌氧菌所致的口腔感染;⑧空肠弯曲菌肠炎;⑨百日咳;⑩风湿热复发、感染性心内膜炎(风湿性心脏病、先天性心脏病、心脏瓣膜置换术后)及口腔、上呼吸道医疗操作时的预防用药(青霉素替代用药)。

【使用方法】遵医嘱。

(5)**四环素类**。四环素是指具有四元稠环基本结构的一类抗生素,抗菌谱广,对多种革兰氏阳性菌、阴性菌、衣原体、支原体、立克次体、螺旋体、原虫等均有抑制作用。细菌对本类药物耐受明显,并在本类药物之间有交叉耐药性。四环素类对肝、肾有损伤,可沉积在牙和骨骼中,使用时应特别注意。常用药物有盐酸四环素、盐酸土霉素、多西环素、米诺环素等。

(6)**氯霉素类**。氯霉素结构简单,是第一个可以完全由人工合成的抗生素,属于广谱抗生素,对革兰氏阴性菌的作用强于革兰氏阳性菌,特别对伤寒、副伤寒杆菌作用最强,是首选治疗药物。对流感杆菌和百日咳杆菌的作用也较其他抗生素强。该类药物毒副作用较多,常用外用的滴眼剂治疗敏感菌引起的外眼细菌感染,如结膜炎、角膜炎等。常用药物有氯霉素和甲砜霉素等。

(7)**其他抗生素**。除上述六大类抗生素外,还有一些常用的其他类抗生素:

1）主要抗革兰氏阳性菌的抗生素：林可霉素、克林霉素、去甲万古霉素。

2）主要抗革兰氏阴性菌的抗生素：多黏菌素、磷霉素。

克林霉素 Clindamycin

【商品名或别名】氯林霉素、氯洁霉素。

【适应证】本品适用于链球菌属、葡萄球菌属及厌氧菌所致的中、重度感染，如吸入性肺炎、脓胸、肺脓肿、骨髓炎、腹腔感染、盆腔感染及败血症等，为金黄色葡萄球菌骨髓炎的首选药物。

【使用方法】遵医嘱。

磷霉素 Fosfomycin

【商品名或别名】维尼康。

【适应证】口服其钙盐适用于对磷霉素敏感的致病菌所致的下列感染：①肠道感染：细菌性肠炎、菌痢；②泌尿系统感染：膀胱炎、肾盂肾炎、尿道炎；③皮肤及软组织感染：疖病、炭疽、汗腺炎、淋巴结炎、毛囊炎；④呼吸道感染：鼻咽炎、扁桃体炎、气管炎、早期慢性支气管炎；⑤眼科：麦粒肿、泪囊炎；⑥妇科：阴道炎、子宫颈炎。注射给药，可与其他抗生素联合应用治疗由敏感菌所致重症感染如败血症、腹膜炎、骨髓炎等。

【使用方法】遵医嘱。

3. 合成抗菌药的适应证及使用方法

用化学方法制得的抗菌药称合成抗菌药物。常见的合成抗菌药有磺胺类、喹诺酮类、硝基咪唑类和硝基呋喃类等。

（1）磺胺类抗菌药。磺胺类药物为最早的人工合成抗菌药，它具有抗菌谱较广、性质稳定、使用简便等优点，对许多革兰氏阳性菌和一些革兰氏阴性菌、诺卡菌属、衣原体属和某些原虫（疟原虫和阿米巴原虫）均有抑制作用。由于长时间广泛使用，细菌对其耐药现象严重，其使用受到一定限制。与磺胺药的增效剂——甲氧苄氨嘧啶（TMP）合用后，抗菌作用增强、范围增大。在控制各种细菌性感染的疾病（如流行性脑炎、鼠疫等）中，特别是在处理急性泌尿系感染中仍有其应用价值。

磺胺类药根据药物作用时间的长短分为短效、中效和长效类。短效类每日需服4次，如磺胺异恶唑（SIZ）；中效类的每日服药2次，如磺胺嘧啶（SD）、磺胺甲基异恶唑（SMZ）；长效的有磺胺甲氧嘧啶（SMD）、磺胺二甲氧嘧啶（SDM）等。

复方磺胺甲噁唑 Compound Sulfamethoxazole

【商品名或别名】复方新诺明、复方磺胺甲基异噁唑。

【适应证】近年来,由于许多临床常见病原菌对本品呈耐药现象,故治疗细菌感染需参考药敏结果,本品的主要适应证为敏感菌株所致的下列感染:尿路感染、2岁以上小儿急性中耳炎、成人慢性支气管炎急性发作、肠道感染、志贺菌感染、卡氏肺孢子虫肺炎(本品系首选)、旅游者腹泻。

【使用方法】遵医嘱。

(2)喹诺酮类抗菌药。喹诺酮类抗菌药是一类合成的抗菌药。目前常用的诺氟沙星、氧氟沙星、环丙沙星、依诺沙星等都是第三代喹诺酮类抗菌药物,因其分子中引入了氟原子,抗菌谱进一步扩大,对葡萄球菌等革兰氏阳性菌有抗菌作用,对革兰氏阴性菌的作用也进一步加强。

以加替沙星、莫西沙星等为代表的第四代喹诺酮类抗菌药,加强了抗厌氧菌的活性和抗革兰氏阳性菌的活性,又保持了原有的抗革兰氏阴性菌的活性,对军团菌、衣原体、支原体、厌氧菌均具有较强的抗菌作用。

喹诺酮类为广谱抗菌药,对大多数革兰氏阳性菌如金黄色葡萄球菌和革兰氏阴性菌如大肠埃希菌、变形杆菌、痢疾杆菌、流感杆菌、伤寒杆菌、淋球菌等均有抗菌活性,广泛用于敏感致病菌所致的呼吸道、消化道、泌尿生殖系统感染及关节软组织感染、烧伤、外伤感染。为了防止细菌耐药率不断升高,氟喹诺酮类药物应参照药敏试验结果应用。

诺氟沙星 Norfloxacin

【商品名或别名】氟哌酸。

【适应证】口服制剂。适用于敏感菌所致的尿路感染、淋病、前列腺炎、肠道感染和伤寒及其他沙门菌感染。注射剂:适用于敏感菌所致的呼吸道、尿路感染、淋病、前列腺炎、肠道感染和伤寒及其他沙门菌感染。外用制剂:用于敏感菌所致的皮肤软组织感染,如脓疱疮、湿疹感染、毛囊炎、疖肿等。阴道剂:用于敏感菌所引起的细菌性阴道炎。眼用制剂:用于敏感菌所致的外眼感染,如结膜炎、角膜炎、角膜溃疡等。

【使用方法】多种剂型,请遵医嘱或按药品说明书使用。

环丙沙星 Ciprofloxacin

【商品名或别名】环丙氟哌酸、环复星、悉复欢。

【适应证】用于敏感菌引起的泌尿生殖系统感染、呼吸道感染、胃肠道感染、伤寒、骨和关节感染、皮肤软组织感染、败血症等全身感染。尤其适用于敏感菌引起的需长期给药的骨髓炎、关节炎。

【使用方法】遵医嘱。

氧氟沙星 Ofloxacin

【商品名或别名】氟嗪酸、泰利必妥、奥复星。

【适应证】适用于敏感菌引起的泌尿生殖系统感染、呼吸道感染、胃肠道感染、伤寒、骨和关节感染、皮肤软组织感染、败血症等全身感染。

【使用方法】遵医嘱。

左氧氟沙星 Levofloxacin

【商品名或别名】可乐必妥。

【适应证】适用于敏感菌引起的泌尿生殖系统感染、呼吸道感染、胃肠道感染、伤寒、骨和关节感染、皮肤软组织感染、败血症等全身感染。

【使用方法】遵医嘱。

（3）硝基咪唑类和硝基呋喃类

1）硝基咪唑类。本类药物有甲硝唑、替硝唑、奥硝唑等，属于硝基咪唑类衍生物，对滴虫、阿米巴原虫以及脆弱拟杆菌等厌氧菌有强大抗菌活性，为治疗肠道和肠外阿米巴原虫、阴道滴虫病的首选药；广泛用于各种厌氧菌感染；口服用于艰难梭菌所致的假膜性肠炎；与其他药物联合用于幽门螺杆菌所致的胃窦炎、消化性溃疡；可与其他抗菌药物联合使用为盆腔、肠道、腹腔手术的预防用药。

2）硝基呋喃类。硝基呋喃类属于广谱抗菌药，细菌对之不易产生耐药性，但口服吸收差。常用药物有呋喃妥因、呋喃唑酮、呋喃西林等。呋喃妥因主要用于敏感菌所致的急性单纯性膀胱炎的治疗以及反复发作性尿路感染的预防。呋喃唑酮主要治疗肠道感染、贾第鞭毛虫感染以及阴道滴虫病等。呋喃西林目前仅作外用。

4. 抗结核药的适应证及使用方法

结核病是由结核分枝杆菌感染所致的慢性传染性疾病。人体内多种组织器官可发生结核分枝杆菌感染，其中以肺结核最为常见，其次为结核性脑膜炎、肠结核、肾结核、骨结核等。结核病具有病程长、易耐药、不易治愈等特点。

目前根据疗效、毒副作用和患者耐受情况，抗结核药分为第一线和第二线两大类。第一线抗结核药：异烟肼、利福平及其类似物、吡嗪酰胺、乙胺丁醇、链霉素；第二线抗结核药：对氨基水杨酸钠、乙硫异烟胺。与第一线药物相比，第二线抗结核药或疗效差或毒性较大，故为结核病的次选药物。

异烟肼 Isoniazid

【商品名或别名】雷米封，英文缩写 INH。

【适应证】适用于各型结核病的治疗，包括结核性脑膜炎以及其他分枝杆菌感染，是各类结核病的首选药物。

【使用方法】遵医嘱。

利福平 Rifampicin

【商品名或别名】力复平、利米定，英文缩写 RFP。

【适应证】本品与其他抗结核药联合用于各种结核病的初治与复治，主要包括：①结核性脑膜炎的治疗；②与其他药物联合用于麻风、非结核分枝杆菌感染的治疗；③与万古霉素（静脉）可联合用于甲氧西林耐药葡萄球菌所致的严重感染；④与红霉素联合用于军团菌属严重感染；⑤用于沙眼、结膜炎、角膜炎等的治疗。

【使用方法】遵医嘱。

吡嗪酰胺 Pyrazinamide

【商品名或别名】氨甲酰基吡嗪、吡嗪甲酰胺、异烟酰胺，英文缩写 PZA。

【适应证】本品仅对分枝杆菌有效，与其他抗结核药（如链霉素、异烟肼、利福平及乙胺丁醇）联合用于治疗结核病。

【使用方法】遵医嘱。

5. 抗真菌药的适应证及使用方法

真菌感染可根据真菌侵犯部位分为浅表真菌病和侵袭性真菌病。浅表真菌病指表皮、毛发和指甲等部位的真菌感染，侵袭性真菌病指侵犯皮肤真皮黏膜和侵袭组织内脏的真菌引起的感染性疾病。近年来，广泛应用广谱抗生素、糖皮质激素等多种原因，导致侵袭性真菌病发病率增高。

临床常用抗真菌药物：抗浅表真菌感染的灰黄霉素、制霉菌素，咪康唑、酮康唑、联苯苄唑，特比萘芬、环吡酮胺、阿莫罗芬等。可用于治疗侵袭性真菌感染的药物有两性霉素 B、伊曲康唑、氟胞嘧啶等。

氟康唑 Fluconazole

【商品名或别名】大扶康、麦尼芬、三维康。

【适应证】①念珠菌病：用于治疗口咽部和食管念珠菌感染，播散性念珠菌病，包括腹膜炎、肺炎、尿路感染等，以及念珠菌性阴道炎。还可用于骨髓移植患者接受细胞毒类药物或放射治疗时，预防念珠菌感染的发生。②隐球菌病。用于治疗隐球菌病和隐球菌性脑膜炎。③球孢子菌病。④用于接受化疗、放疗和免疫抑制治疗患者的预防治疗。⑤可替代伊曲康唑用于芽生菌病和组织胞浆菌病的治疗。

【使用方法】遵医嘱。

6. 抗病毒药的适应证及使用方法

病毒是一种以核酸为核心，以蛋白质为外壳组成的颗粒，本身无酶系统，大多数需要寄生于宿主细胞，依赖于宿主的酶系统和营养物质而复制繁殖。

目前各类病毒感染占临床感染性疾病的85%，常见的病毒感染有病毒性肝炎、流行性感冒、腮腺炎、病毒性肺炎、麻疹等。

多数抗病毒药的抗病毒谱较窄，临床疗效有限，往往对宿主细胞亦有一定毒性。目前临床常用的抗病毒药物有：

（1）广谱抗病毒药，如利巴韦林、干扰素。

（2）抗流感病毒药，如奥司他韦、金刚烷胺。

（3）抗疱疹病毒药，如阿昔洛韦、喷昔洛韦、更昔洛韦。

（4）抗乙型肝炎病毒药，如拉米夫定、阿德福韦。

（5）抗HIV的药，如齐多夫定、拉米夫定、扎西他滨等。

阿昔洛韦 Aciclovir

【商品名或别名】无环鸟苷、丽珠克毒星。

【适应证】①单纯疱疹病毒感染：用于生殖器疱疹病毒感染的初发和复发病例，口服本品用作预防反复发作病例；②带状疱疹：用于免疫功能正常者带状疱疹和免疫缺陷者轻症病例的治疗；③治疗免疫缺陷者水痘。

【使用方法】遵医嘱。

利巴韦林 Ribavirin

【商品名或别名】病毒唑，英文缩写RBV。

【适应证】适用于呼吸道合胞病毒引起的病毒性肺炎与支气管炎，皮肤疱疹病毒感染。

【使用方法】片剂（0.1 g）。口服，病毒性呼吸道感染：成人一次0.15 g，一日3次，疗程7天；皮肤疱疹病毒感染：成人一次0.3 g，一日3次，疗程7天；或遵医嘱。

抗微生物药

一、强化练习

1. 学生课余时间到网上或药店收集抗微生物类药物的说明书，通过课外延展学习，进一步熟悉该类药物的商品名称、适应证及使用方法，注意区别药品是处方药还是非处方药。

2. 完成表 2-9 和表 2-10 的填写，归纳整理所学知识，并反复对比记忆。

表 2-9 常用抗生素药的药品名称、适应证、使用方法总结表

序号	通用名	类别	商品名或别名	适应证	使用方法
1	青霉素				
2	氨苄西林				
3	阿莫西林				
4	阿莫西林－克拉维酸钾				
5	头孢氨苄				
6	头孢拉定				
7	头孢噻肟				
8	庆大霉素				
9	阿米卡星				
10	阿奇霉素				
11	克拉霉素				
12	罗红霉素				
13	乙酰螺旋霉素				
14	琥乙红霉素				
15	克林霉素				
16	磷霉素				

表2-10 常用其他抗微生物药的药品名称、适应证、使用方法总结表

序号	通用名	类别	商品名或别名	适应证	使用方法
1	复方磺胺甲噁唑				
2	诺氟沙星				
3	环丙沙星				
4	氧氟沙星				
5	左氧氟沙星				
6	异烟肼				
7	利福平				
8	吡嗪酰胺				
9	氟康唑				
10	阿昔洛韦				
11	利巴韦林				

二、模拟实训：抗微生物类药品适应证、使用方法介绍

实践准备： 工作服、药品空包装盒等道具，在模拟药房进行实训。

实践步骤： 分组练习，4人一组，每次通过抽签决定小组成员和本次实训用的2个抗微生物类药品，由1名同学模拟医药商品购销员，另1名同学模拟顾客拟购买该药品，医药商品购销员全程接待顾客，并为顾客进行药品适应证、使用方法的介绍。其他两人观察他们的情境扮演、模拟接待、药品介绍中的优缺点，并及时记录打分。模拟结束后，两人负责点评小组内医药商品购销员和顾客的实践表现，提出建议并打分。各小组点评人和模拟医药商品购销员互换组内角色，重复上述实训过程。实训完结后，各小组推选最佳医药商品购销员参加组间模拟竞赛，教师和同学共同给予指导点评，评选出最佳小组，考核评分标准见表2-11。

考核要点：

1. 顾客进入药店后，医药商品购销员接待顾客的过程完整、语言规范合理。

2. 考生能够灵活处理和应对顾客提出的问题，并能熟练介绍顾客需要购买药品的适应证、使用方法（每个同学的情境中设有2个考核药品，抽签确定）。本类药品多为处方药，在执业药师审核处方后，医药商品购销员可配合药师做好取药、发药等服务工作。

3. 医药商品购销员接待过程中做到仪态大方、语言表达流畅、有理有据、灵活自如。

4. 本部分药品较多，根据学习进程可开展两次模拟实训，便于学生在实训中巩固所学。

评分标准：

表2-11 抗微生物类药品实训考核标准及评分表

序号	考核内容	考核要点	分值	得分
1	仪容仪表仪态	仪容整洁、仪表大方、仪态得体	10	
		精神面貌饱满，语言得体，表达顺畅	10	
2	考核药品1	药品名称、适应证、用途介绍准确	15	
		药品的使用方法介绍无误	15	
3	考核药品2	药品名称、适应证、用途介绍准确	15	
		药品的使用方法介绍无误	15	
4	顾客接待过程完整	能够独立完成顾客接待的完整过程，从迎接顾客至完成药学服务、送客的各环节无差错	20	
		合计	100	

三、拓展提升：急性膀胱炎的治疗

急性膀胱炎是非特异性细菌感染引起的膀胱壁急性炎症性疾病，为泌尿系常见病。其特点为发病急，伴严重膀胱刺激征而全身反应轻微。急性膀胱炎应卧床休息，多饮水，避免刺激性食物。做药敏实验，根据致病菌属，选用合适的抗菌药物，医生开处方"氧氟沙星口服每次2片（0.2 g），每日3次，阿莫西林每次0.5 g，每日4次"。顾客拿处方购药。

实训步骤：

步骤1：接待顾客

医药商品购销员："您好，您需要什么帮助？"

顾客："我想问一下，我好友也患过膀胱炎，说吃'氟哌酸'好用，医生说我也适合用，也没看给我开这个药呀！"

步骤2：向顾客介绍药品，指导用药

医药商品购销员："您看不是在这儿吗！"

顾客："没看到呀？"

医药商品购销员："这个氧氟沙星也就是氟哌酸，相当于医生说的是这个药的大名，您朋友说的是这个药的另外一个小名！"

顾客:"这样,那我懂了!我再问一下,这个药是不是也治拉肚子?"

医药商品购销员:"是的。"

顾客:"我7岁的小孙子今天有点拉肚子,一会儿我也给他用点儿这个,行吧?"

医药商品购销员:"这个可真不行,您最好带孩子看医生,诊断一下,抗菌药随意应用会使细菌产生耐药性,对孩子以后用药不利。另外'沙星'类的药多数还会影响孩子的生长发育。"

顾客:"这么多讲究呢,我还是问问医生吧,谢谢!"

医药商品购销员:请执业药师审方,并开展后续服务。

五、消化系统用药

消化系统疾病是临床中的常见病、多发病。其中,以消化性溃疡的发病率最高,而消化不良、腹泻、便秘、呕吐等消化道症状更为常见,胆囊炎、胆石症、病毒性肝炎、肝肿大、肝硬化等肝胆系统疾病也非鲜见。因此,消化系统疾病药物在临床治疗学上占有重要位置,消化系统药物也因此发展迅速,新药较多,应用广泛,涉及抗消化性溃疡药、助消化药、胃肠解痉药与胃肠动力药、泻药与止泻药及肝胆辅助用药等。

1. 抗消化性溃疡药

(1)概述。消化性溃疡是胃、十二指肠常见的慢性疾病,主要以腹部不适、烧心、反酸水等为主要症状。胃酸是诱发消化性溃疡、胃食管反流的主要因素。胃酸分泌过多、幽门螺旋杆菌感染和胃黏膜保护作用减弱等因素是引起消化性溃疡的主要原因。因此,治疗消化性溃疡的药物可分为以下五类:抗酸药、抑制胃酸分泌药、胃黏膜保护药、抗幽门螺杆菌药、复方制剂等。

1)抗酸药。该类药物呈弱碱性,口服后能中和过多胃酸,升高胃内容物的pH值,削弱胃蛋白酶的活性,解除胃酸和胃蛋白酶对胃、十二指肠的侵蚀和对溃疡面的刺激,从而发挥缓解疼痛、促进愈合的作用。但抗酸剂不能直接抑制胃酸分泌,通常用于对症治疗,作用时间短、每日服用次数多。常用药物有氢氧化铝、碳酸氢钠、磷酸铝等。

2)抑制胃酸分泌药。胃壁细胞上有三种受体,即组胺H_2受体、乙酰胆碱受体和胃泌素受体,这些受体受到刺激后会激活H^+-K^+-ATP酶(即质子泵),导致胃酸分泌增加。

抑制胃酸剂包括：①H_2受体阻断剂，代表药如西咪替丁、雷尼替丁、法莫替丁、尼扎替丁和罗沙替丁乙酸酯；②质子泵抑制剂，代表药如奥美拉唑、泮托拉唑、兰索拉唑、雷贝拉唑和埃索美拉唑；③乙酰胆碱受体阻断剂，代表药如哌仑西平；④胃泌素受体阻断剂，代表药如丙谷胺等。

3）胃黏膜保护药。本类药物能够防治胃黏膜损伤，促进组织修复和溃疡愈合，是防治消化系统疾病的重要用药，日益受到临床重视。常用药物有硫糖铝、枸橼酸铋钾、胶体果胶铋等。

4）抗幽门螺杆菌药。常用药物有甲硝唑、阿莫西林、克拉霉素。

5）复方制剂。主要是由抗酸剂、铋制剂、缓解疼痛药、抗菌药及修复胃黏膜药组成的，本类药物针对消化性溃疡发挥综合治疗作用。常用药物有斯达舒、胃友、胃必治、胃仙U等。

（2）常见抗消化性溃疡药适应证及用法用量

1）抗酸药

复方氢氧化铝 Compound Aluminium Hydroxide

【商品名或别名】胃舒平。

【适应证】缓解胃酸过多引起的胃痛、胃灼热感（烧心）、反酸，也可用于慢性胃炎。

【使用方法】片剂。口服，成人一次2~4片（每片含主要成分氢氧化铝0.245 g，三硅酸镁0.105 g，颠茄浸膏0.002 6 mL），一日3次。饭前半小时或胃痛发作时嚼碎后服。

2）抑制胃酸分泌药

西咪替丁 Cimetidine

【商品名或别名】甲氰咪胍、泰胃美。

【适应证】用于十二指肠溃疡、胃溃疡、反流性食管炎、上消化道出血及卓－艾综合征。

【使用方法】多种剂型，请遵医嘱或按药品说明书使用。

雷尼替丁 Ranitidine

【商品名或别名】兰百幸、善胃得。

【适应证】适用于十二指肠溃疡、胃溃疡、反流性食管炎、术后溃疡及卓－艾综合征及其他高胃酸分泌疾病。

【使用方法】片剂/胶囊（0.15 g）。口服。适用于缓解胃酸过多所致的胃痛、胃灼热感（烧心）、反酸，成人一次 0.15 g，一日 2 次。清晨和睡前服用。或遵医嘱。

奥美拉唑 Omeprazole

【商品名或别名】洛赛克、奥克。

【适应证】适用于胃溃疡、十二指肠溃疡、应激性溃疡、反流性食管炎和卓－艾综合征（胃泌素瘤）。

【使用方法】遵医嘱。

3）黏膜保护药

枸橼酸铋钾 Bismuth Potassium Citrate

【商品名或别名】丽珠得乐、得乐。

【适应证】本品为抗消化性溃疡药，适用于治疗胃溃疡、十二指肠溃疡、复合溃疡、多发溃疡及吻合口溃疡，适用于慢性胃炎及缓解胃酸过多引起的胃痛、胃灼热感（烧心）和反酸。

【使用方法】片剂（0.3 g）。口服：成人一次 1 片，一日 4 次，前 3 次于三餐前半小时服用，第 4 次于晚餐后 2 h 服用；或一日 2 次，早晚各服 2 片。

目前临床上常用一些复方制剂，如维 U 颠茄铝胶囊 II（商品名：斯达舒）、胃必治（又名胃铋治片或复方铝酸铋），治疗烧心、反酸、慢性胃炎。麦滋林（L-谷氨酰胺呱仑酸钠颗粒）用于胃炎、胃溃疡和十二指肠溃疡等的治疗。这些药多为非处方药，应用相对安全有效，便于患者自行选择用药。

2. **胃肠解痉药及胃动力药**

胃肠痉挛主要表现为阵发性胃部、腹部痉挛性疼痛。胃肠解痉药能抑制腺体分泌、解除平滑肌和血管的痉挛、改善微循环。目前，临床常用的解痉药以胆碱 M 受体阻断剂为主，包括莨菪生物碱类及其衍生物和人工合成代用品。常用药物有阿托品、山莨菪碱、东莨菪碱、溴丙胺太林、颠茄等。

胃肠动力异常时可能出现功能性消化不良、肠易激综合征、便秘等。胃肠动力药通过增加胃肠推进性运动，增强胃肠道收缩，促进和刺激胃肠排空，改善功能性消化不良症状。常用药物有多巴胺 D_2 受体阻断药甲氧氯普胺、外周性多巴胺 D_2 受体阻断药多潘立酮，以及通过乙酰胆碱起作用的西沙必利、莫沙必利。

多潘立酮 Domperidone

【商品名或别名】吗丁啉。

【适应证】①缓解由胃排空延缓、胃肠道反流、食管炎引起的消化不良症状，如上腹部胀闷感、腹胀、上腹疼痛、嗳气、肠胃胀气、口中带有或不带有反流胃内容物的胃烧灼感；②治疗功能性、器质性、感染性、饮食性、放射性治疗或化疗所引起的恶心、呕吐。

【使用方法】片剂（10 mg）。口服：成人一次1片，一日3次，饭前15~30 min服用。

甲氧氯普胺 Metoclopramide

【商品名或别名】胃复安。

【适应证】镇吐药，主要适用于：①各种病因所致恶心、呕吐、嗳气、消化不良、胃部胀满、胃酸过多等症状的对症治疗；②反流性食管炎、胆汁反流性胃炎、功能性胃滞留、胃下垂等；③残胃排空延迟症、迷走神经切除后胃排空延缓；④糖尿病性胃轻瘫、尿毒症、硬皮病等胶原疾患所致胃排空障碍。

【使用方法】遵医嘱。

3. 助消化药

能够促进食物消化的药物统称为助消化药，多含消化液中成分或有促进消化液分泌的功能。本类常用药物有乳酶生、乳酸菌素、胰酶、干酵母、胃蛋白酶片、多酶片、维生素BT（康胃素）等。

乳酶生 Lactasin

【商品名或别名】表飞鸣。

【适应证】适用于消化不良、腹胀及小儿饮食失调所引起的腹泻、绿便等。

【使用方法】片剂（0.3 g）。口服：12岁以上未成年人及成人一次1~3片，一日3次，饭前服。儿童用量见表2-12。

表2-12 乳酶生儿童用量表

年龄（岁）	体重（kg）	一次用量（片）	一日次数
1~3	10~15	0.5~1	一日3次 饭前服用
4~6	16~21	1~1.5	
7~9	22~27	1~2	
10~12	28~32	1.5~3	

注：本品为活菌制剂，不应置于高温处，不宜与制酸药、抗菌药、吸附剂合用。

多酶片 Multienzyme tablets

【商品名或别名】盖克。

【适应证】适用于消化不良、食欲缺乏。

【使用方法】片剂（胰酶 300 mg，胃蛋白酶 13 mg）。成人口服：一次 2~3 片，一日 3 次，服用时勿嚼碎。

4. 泻药和止泻药

便秘与腹泻是消化系统的常见症状，需要使用泻药与止泻药对症治疗。

泻药是能增加肠内水分，促进蠕动、软化粪便或润滑肠道、促进排便的药物，包括：容积性泻药如硫酸镁、硫酸钠，渗透性泻药如乳果糖，刺激性泻药如比沙可啶、大黄番泻叶，润滑性泻药（粪便软化剂）如甘油栓剂（开塞露）、液体石蜡，膨胀性泻药如聚乙二醇 4000、羧甲基纤维素等，肠道清洗剂及胃肠动力药。

止泻药是对症治疗药，主要通过减少肠道蠕动或保护肠道免受刺激达到止泻作用，主要分为吸附药、收敛药、抗动力药等。吸附药和收敛药常见的有双八面体蒙脱石、药用炭、鞣酸蛋白等；抗动力药可以缓解急性腹泻，适用于成年人无并发症的急性腹泻，如洛哌丁胺、地芬诺酯等。

肠道微生态失调临床上也可表现为腹泻症状。微生态制剂能调节人体肠道菌群，重建肠道微生态平衡，可用于肠道菌群失调引起的腹泻，或由寒冷和各种刺激所致的急惹性腹泻。微生态制剂对由细菌、病毒引起的感染性腹泻早期应用无效，在应用抗感染药后期可予以辅助治疗，以恢复菌群平衡。常用药物有培菲康、妈咪爱、整肠生。

（1）泻药

比沙可啶 Bisacodyl

【商品名或别名】便塞停。

【适应证】用于急、慢性便秘的治疗，也可用于腹部 X 线检查或内窥镜检查前清洁肠道，以及手术前后清洁肠道。

【使用方法】肠溶片（5 mg）。口服：成人，一次 5~10 mg，一日 1 次，整片吞服。

（2）止泻药

蒙脱石 Montmorillonite

【商品名或别名】必奇、思密达。

【适应证】用于成人及儿童急、慢性腹泻,食道、胃、十二指肠疾病引起的相关疼痛症状的辅助治疗。

【使用方法】散剂(3 g)。口服:①成人每次1袋(3 g),一日3次。②儿童,1岁以下每日1袋,分3次服;1~2岁,每日1~2袋,分3次服;2岁以上每日2~3袋,分3次服。服用时将本品倒入半杯温开水(约50 mL)中混匀后快速服完。治疗急性腹泻时首次剂量应加倍。

小檗碱 Berberine

【商品名或别名】黄连素。

【适应证】主要用于治疗胃肠炎、细菌性痢疾等肠道感染、眼结膜炎、化脓性中耳炎等。近来还发现本品有阻断 α-受体、抗心律失常作用。

【使用方法】遵医嘱或按药品说明书使用。

5. 肝胆疾病辅助用药

目前肝胆疾病的治疗多用辅助治疗作用的药物。常用的肝脏辅助用药包括:①促进物质代谢、保持各种酶稳定性的门冬氨酸钾镁;②促进肝细胞膜再生和功能调节,用于急慢性肝炎治疗的多烯磷酯酰胆碱;③提供巯基或葡萄糖醛酸,增强肝脏解毒功能的代表药物还原型谷胱甘肽、硫普罗宁、葡醛内酯;④具有抗炎作用,临床用于各型肝炎的甘草酸二胺;⑤降低丙氨酸氨基转移酶的联苯双酯、双环醇片;⑥促进胆汁分泌、减轻胆汁淤滞的熊去氧胆酸、腺苷蛋氨酸等。

消化系统用药

一、强化练习

1. 学生课余时间到网上或药店收集消化系统类药物的说明书,通过课外延展学习,进一步熟悉该类药物的商品名称、适应证及使用方法。注意区分各药品是处方药还是非处方药。

参考网站:药智网 https://db.yaozh.com

壹药网 https://www.111.com.cn

手机 App:用药助手

2. 将所学药物进行归纳，填写表 2-13，巩固所学知识。

表 2-13 常用消化系统药品名称、适应证、使用方法归纳总结表

序号	通用名	商品名或别名	适应证	使用方法
1	复方氢氧化铝			
2	西咪替丁			
3	雷尼替丁			
4	奥美拉唑			
5	枸橼酸铋钾			
6	多潘立酮			
7	甲氧氯普胺			
8	乳酶生			
9	多酶片			
10	比沙可啶			
11	蒙脱石			
12	小檗碱			

二、模拟实训：消化系统药品适应证、使用方法介绍

实践准备： 工作服、药品陈列设备、实训用药品、模拟药房。

实践步骤： 分组练习，4人一组，每次通过抽签决定小组成员和本次实训的2个消化系统药品，由1名同学模拟医药商品购销员，另1名同学模拟顾客拟购买该药品，医药商品购销员全程接待顾客，并为顾客进行药品适应证、使用方法的介绍。其他两人观察他们的情境扮演、模拟接待、药品介绍中的优缺点，并及时记录打分。模拟结束后，两人负责点评小组内医药商品购销员和顾客的实践表现并提出建议。各小组点评人和模拟医药商品购销员互换组内角色，重复上述实训内容。实训结束后，各小组推选最佳医药商品购销员参加组间模拟竞赛，教师和同学共同给予指导点评，评选出最佳小组，考核评分标准见表 2-14。

考核要点：

1. 顾客进入药店后，医药商品购销员接待顾客的过程完整，语言规范合理。

2. 医药商品购销员能够灵活处理和应对顾客提出的问题，并能区分出是否为处方药，熟练向顾客介绍他们需要购买的非处方药品的适应证、使用方法。

3. 医药商品购销员在接待过程中要做到仪态大方、语言表达流畅、有理有据、灵活自如。

评分标准：

表2-14 消化系统药品实训考核标准及评分表

序号	考核内容	考核要点	分值	得分
1	仪容仪表仪态	仪容整洁、仪表大方、仪态得体	10	
		精神面貌饱满、语言得体、表达顺畅	10	
2	考核药品1	药品名称、适应证、用途介绍准确	15	
		药品的使用方法介绍无误	15	
3	考核药品2	药品名称、适应证、用途介绍准确	15	
		药品的使用方法介绍无误	15	
4	顾客接待过程完整	能够独立完成顾客接待的完整过程，从迎接顾客至完成药学服务、送客的各环节无差错	20	
		合计	100	

三、拓展提升：慢性胃炎的用药指导

实训准备： 模拟药房、药品陈列柜台、实训药品、销售交款小票等。

步骤1：接待顾客

医药商品购销员： "您好，您需要什么帮助？"

顾客： "你好，我胃疼，还有点反酸，想买点药。"

步骤2：向顾客介绍药品，指导用药

医药商品购销员： "这是第一次胃不舒服，还是以前也有过？"

顾客： "原来也有过，吃几天胃舒平和丽珠得乐就好了。"

医药商品购销员： "嗯，从症状看还是较轻微的，这两个药也挺适合慢性胃炎患者。复方氢氧化铝（胃舒平）能缓解胃酸过多引起的胃痛、胃灼热感、反酸等现象。枸橼酸铋钾片（丽珠得乐）可保护胃黏膜，治疗消化道溃疡、胃痛、反酸等。"

顾客： "你就给我拿这两个药吧！"

医药商品购销员： 开售药交款小票，指导顾客交费。

步骤3：取药发药

医药商品购销员： 从消化系统非处方药柜中取出枸橼酸铋钾片1盒（规格为0.3 g×8片×5板/盒）、复方氢氧化铝片（胃舒平）1瓶（规格为100片/瓶），核对无误后，将药交给顾客。

步骤4：指导使用方法

医药商品购销员： "请您认真阅读说明书，并按说明书用法用量使用。枸橼酸

铋钾片口服，每次 2 片，早晚各 1 次；复方氢氧化铝片（胃舒平） 饭前半小时服用，1 日 3 次，一次 3 片或胃痛发作时嚼碎后服用。您记住了吗？哪儿不清楚您可以随时问，祝您早日康复！"

六、呼吸系统用药

呼吸系统用药可分为镇咳药、祛痰药和平喘药。

1. 镇咳药

咳嗽是由于呼吸道受到刺激（如炎症、异物）后发出神经冲动，传入延髓咳嗽中枢而引起的一种生理反射。咳嗽药是一类能作用于咳嗽反射弧中某一个环节，然后起到镇咳作用的药物。常用的镇咳药可分为两类：中枢性镇咳药和外周性镇咳药。

（1）**中枢性镇咳药**。选择性地抑制延髓咳嗽中枢而发挥镇咳作用，分为中枢成瘾性镇咳药和中枢非成瘾性镇咳药。常见药物有：中枢成瘾性镇咳药，如磷酸可待因（甲基吗啡）等；中枢非成瘾性镇咳药，如右美沙芬、喷托维林等。

（2）**外周性镇咳药**。此类药物通过抑制咳嗽反射弧中的感受器、传入神经、传出神经中任何一个环节而发挥镇咳作用。常用药物有苯丙哌林、甘草口服液、咳嗽糖浆、普诺地嗪等。上述药品中，部分兼有中枢性和外周性两种作用，只是主次不同而已。

喷托维林 Pentoxyverine

【商品名或别名】咳必清、维静宁。

【适应证】用于各种原因引起的干咳。

【使用方法】片剂（25 mg）。口服，成人：一次 1 片，一日 3~4 次；儿童：5 岁以上儿童一次 0.5 片，一日 2~3 次。

2. 祛痰药

祛痰药能够改变痰液中的黏性成分，降低痰的黏滞度，从而使痰液易于咳出。常用的祛痰药可以分成两类：稀释法祛痰药和黏痰溶解药。

祛痰药：氯化铵、愈创木酚甘油醚。

黏痰溶解药：溴己新、羧甲司坦、乙酰半胱氨酸、氨溴索等。

氨溴索 Ambroxol

【商品名或别名】沫舒坦、盐酸氨溴索。

【适应证】用于急、慢性支气管炎引起的痰液黏稠、咳痰困难。

【使用方法】多种剂型，请遵医嘱或按药品说明书使用。

羧甲司坦 Carbocisteine

【商品名或别名】化痰片、康普利。

【适应证】用于慢性支气管炎、支气管哮喘等疾病引起的痰液黏稠、咳痰困难。

【使用方法】遵医嘱或按药品说明书使用。

溴己新 Bromhexine

【商品名或别名】必嗽平、必消痰、溴己铵。

【适应证】本品主要用于慢性支气管炎、哮喘等引起的咳痰困难。

【使用方法】遵医嘱或按药品说明书使用。

3. 平喘药

支气管哮喘是常见的呼吸系统疾病，由支气管平滑肌痉挛、气道阻塞引起，多见支气管哮喘、哮喘性支气管炎。常见药物包括以下五类：

（1）$β_2$-受体激动剂。激活呼吸道平滑肌和肥大细胞等细胞膜表面的 $β_2$ 受体，从而松弛支气管平滑肌，增加气道上纤毛的摆动等，缓解哮喘症状。代表药物有沙丁胺醇、克伦特罗、特步他林、沙美特罗等。

（2）白三烯受体阻断剂。主要通过缓解支气管的应激性和慢性炎症病变有效防治哮喘。常用药物有孟鲁司特和扎鲁司特。

（3）磷酸二酯酶抑制剂。可以抑制磷酸二酯酶活性，提升细胞内环磷腺苷和环磷鸟苷的浓度，可抑制免疫和炎症细胞，用于哮喘治疗。主要为茶碱类药物，因为不良反应较多，安全指数小，现已降为二线用药。代表药物有茶碱、氨茶碱。

（4）M 胆碱受体阻断剂。可阻断节后迷走神经兴奋性而产生松弛支气管平滑肌的作用，并减少痰液分泌。目前用作平喘药的主要是异丙托溴铵、噻托溴铵。

（5）吸入性糖皮质激素。哮喘的病理基础是慢性非特异性炎症，目前哮喘的控制主要采用糖皮质激素为主的长期综合治疗。代表药物有丙酸倍氯米松、布地奈德、氟替卡松等。

氨茶碱 Aminophylline

【商品名或别名】茶碱乙二氨盐、阿咪康。

【适应证】缓解支气管哮喘、喘息型支气管炎、阻塞性肺气肿病等喘息症状，也可用于心源性肺水肿引起的哮喘。

【使用方法】遵医嘱。

沙丁胺醇 Salbutamol

【商品名或别名】万托林、羟甲叔丁肾上腺素。

【适应证】预防和治疗支气管哮喘或喘息型支气管炎等伴有支气管痉挛（喘鸣）的呼吸道疾病。

【使用方法】遵医嘱。

呼吸系统用药

一、强化练习

1. 学生课余时间到网上或药店收集呼吸系统药物的说明书，通过课外延展学习，进一步熟悉该类药物的商品名称、适应证及用法用量。注意区分各药品是处方药还是非处方药。

　　参考网站：药智网 https://db.yaozh.com

　　　　　　壹药网 https://www.111.com.cn

　　　　　　手机 App：用药助手

2. 在作业本上独立完成表 2-15 所要求内容，巩固所学知识。

表 2-15　常用呼吸系统药品的名称、适应证、使用方法归纳总结表

序号	通用名	商品名或别名	适应证	使用方法
1	喷托维林			
2	氨溴索			
3	羧甲司坦			
4	溴己新			
5	氨茶碱			
6	沙丁胺醇			

二、模拟实训：呼吸系统药品适应证、使用方法介绍

实践准备：工作服、药品陈列设备、实训用药品、模拟药房。

实践步骤：分组练习，4人一组，每次通过抽签决定小组成员和本次实训的2个呼吸系统药品，由1名同学模拟医药商品购销员，另1名同学模拟顾客拟购买该药品，医药商品购销员全程接待顾客，并为顾客进行药品适应证、用法用量的介绍。其他两人观察他们的情境扮演、模拟接待、药品介绍中的优缺点，并及时记录打分。模拟结束后，两人负责点评小组内医药商品购销员和顾客的实践表现并提出建议。各小组点评人和模拟医药商品购销员互换组内角色，重复上述实训过程。实训结束后，各小组推选最佳医药商品购销员参加组间模拟竞赛，教师和同学共同给予指导点评，评选出最佳小组，考核评分标准见表2-16。

考核要点：

1. 顾客进入药店后，医药商品购销员接待顾客的过程完整、语言规范合理。
2. 考生能够灵活处理和应对顾客提出的问题，并能区分出是否为处方药，熟练向顾客介绍顾客需要购买的非处方药的适应证、使用方法。
3. 医药商品购销员接待过程中仪态大方、语言表达流畅、有理有据、灵活自如。

评分标准：

表2-16 呼吸系统药品考核标准及评分表

序号	考核内容	考核要点	分值	得分
1	仪容仪表仪态	仪容整洁、仪表大方、仪态得体	10	
		精神面貌饱满、语言得体、表达顺畅	10	
2	考核药品1	药品名称、适应证、用途介绍准确	15	
		药品的使用方法介绍无误	15	
3	考核药品2	药品名称、适应证、用途介绍准确	15	
		药品的使用方法介绍无误	15	
4	顾客接待过程完整	能够独立完成顾客接待的完整过程，从迎接顾客至完成药学服务、送客的各环节无差错	20	
		合计	100	

三、拓展提升：急性支气管炎咳痰的用药指导

实训准备：模拟药房、药品陈列柜台、实训药品、销售交款小票等。

步骤1：接待顾客

医药商品购销员："您好，有什么需要帮助的？"

顾客： "你好，我前几天感冒、发烧，吃了感冒药和消炎药。现在不发烧了，就是咳嗽，感觉嗓子里有痰，但咳不出来，吃点什么药管用？氨溴索，行吗？"

步骤 2：向顾客介绍药品，指导用药

医药商品购销员： 先问明顾客，了解到顾客现在吃的抗生素是头孢氨苄，不知能否与氨溴索合用。

"可以的，氨溴索片正好适用于痰稠而不易咳出的患者，您选的药正对症，我给您开票，您那边交款。"

步骤 3：取药发药

医药商品购销员：（医药商品购销员从非处方类呼吸系统用药柜台中取出该药）"您核对一下，一盒氨溴索片。"

步骤 4：指导使用方法

医药商品购销员： "您用药时看一下说明书，这药一日 3 次，每次 1~2 片，注意要饭后服用。"

注：顾客用头孢氨苄主要用于控制细菌感染，再应用祛痰药如氨溴索或溴己新等，能有效治疗咳嗽痰量较多且较黏稠不易咳出的问题，对症治疗。

七、心血管系统用药

心血管系统药物包括强心药、抗心绞痛、抗高血压药、抗心律失常药、调脂药及抗动脉粥样硬化药。

1. 强心药

心力衰竭又称心功能不全，是心脏泵血功能降低，不能满足全身组织代谢需要的一种病理生理状态及临床综合征。强心苷是治疗充血性心力衰竭的传统药物，代表药物为地高辛。

地高辛 Digoxin

【商品名或别名】狄戈辛。

【适应证】①用于高血压、瓣膜性心脏病、先天性心脏病等引起的急性和慢性心功能不全，尤其适用于伴有快速心室率的心房颤动的心功能不全；②用于控制伴有快速心室率的心房颤动、心房扑动患者的心室率及室上性心动过速。

【使用方法】遵医嘱。

2. 抗心绞痛药

心绞痛是心脏冠状动脉供血不足引起的心肌急剧的、暂时的缺血与缺氧综合征。目前，临床常用于抗心绞痛的药物有硝酸酯类及亚硝酸脂类、β-受体阻滞剂和钙通道阻滞剂等。

（1）硝酸酯类及亚硝酸酯类代表药有硝酸甘油、硝酸异山梨酯等。

（2）β-受体阻滞剂代表药有普萘洛尔等。

（3）钙拮抗剂代表药有硝苯地平、地尔硫䓬。

硝酸甘油 Nitroglycerin

【商品名或别名】三硝酸甘油酯、耐较咛。

【适应证】用于冠心病心绞痛的治疗及预防，也可用于降低血压或治疗充血性心力衰竭。

【使用方法】遵医嘱。

硝苯地平 Nifedipine

【商品名或别名】心痛定、拜新同、硝苯吡啶。

【适应证】①心绞痛：变异型心绞痛、不稳定型心绞痛、慢性稳定型心绞痛；②高血压（单独或与其他降压药合用）。

【使用方法】遵医嘱。

3. 抗心律失常药

心率失常药是一类用于治疗心脏节律紊乱的药物。临床根据心律失常时心律的快慢分为快速型和缓慢型心律失常两类，缓慢型心律失常可用阿托品或拟肾上腺素类药物治疗。防治快速型心律失常的药物比较复杂，通常分为以下几类：

（1）**钠通道阻滞剂**：奎尼丁、普鲁卡因胺、美西律、普罗帕酮等。

（2）**β-肾上腺素受体阻滞剂**：普萘洛尔、阿替洛尔、美托洛尔。

（3）**延长动作电位时程药**：胺碘酮。

（4）**选择性钙通道阻滞剂**：维拉帕米。

4. 抗高血压药

（1）**高血压概述及抗高血压药的分类**。高血压是现代中老年人中发病率最高的疾病，可引起心、脑、肾等重要器官的病变甚至衰竭。根据发病原因可分为原发性高血压和继发性高血压两种类型，继发性高血压在控制血压的同时还需要对原发疾病进行治疗。近年来，各种类型的抗高血压药物迅速发展，可以迅速有效地控制血压，降低对健康的危害，提高人们的生活质量。根据作用机理不同，抗高血压药物分为以下几类：

1）中枢性降压药，如可乐定等。

2）去甲肾上腺素能神经末梢阻断药，如利血平、胍乙啶等。

3）α-受体阻断剂，如哌唑嗪等。

4）β-受体阻断剂，如普萘洛尔、美托洛尔、阿替洛尔。

5）血管紧张素转化酶抑制剂，如卡托普利、依那普利、贝那普利、西拉普利等。

6）血管紧张素Ⅱ受体拮抗剂，如氯沙坦、缬沙坦、替米沙坦。

7）钙通道阻滞剂，如氨氯地平（络活喜）、非洛地平（波依定）、硝苯地平控释片（拜新同）、拉西地平（司乐平）。

8）利尿降压药，如吲达帕胺。

9）血管扩张药，如肼屈嗪、米诺地尔、硝普钠。

10）其他类降压药。

（2）常用抗高血压药物的适应证及使用方法

卡托普利 Captopril

【商品名或别名】巯甲丙脯酸、开博通（划痕片）、开富林。

【适应证】高血压、心力衰竭。

【使用方法】遵医嘱。

贝那普利（苯那普利、洛汀新）、西拉普利（一平舒）均为血管紧张素转换酶抑制剂，与其他类降压药比较有以下特点：不影响心率和心排出量；增加肾血流量；具有保护肾脏的作用；作用稳定，突然停药无反跳现象；能改善胰岛素抵抗。

缬沙坦 Valsartan

【商品名或别名】代文。

【适应证】适用于轻、中度原发性高血压。

【使用方法】胶囊（80 mg）。推荐剂量：每次 80 mg，每天一次。可以在进餐时或空腹服用。建议每天在同一时间用药（如早晨）。用药2周内达明显降压效果，4周后达最大疗效。降压效果不满意时，每日剂量可增加至 160 mg，或加用利尿剂。肾功能不全（严重肾衰见禁忌证）及非胆管源性、无淤胆的肝功能不全患者无须调整剂量。缬沙坦可以与其他抗高血压药物联合应用。

苯磺酸氨氯地平 Amlodipine Besylate

【商品名或别名】络活喜（Norvasc）、安内真。

【适应证】①适用于高血压（单独或与其他药物合并使用）；②适用于慢性稳定性心绞痛及变异性心绞痛（单独或与其他药物联合使用）。

【使用方法】片剂（5 mg）。通常口服起始剂量为 5 mg，每日一次，最大不超过 10 mg，每日一次。瘦小者、体质虚弱者、老年患者或肝功能受损者，以及合用其他抗高血压药者从 2.5 mg 每日一次开始用药。用药剂量根据个体需要进行调整，调整期应不少于 7 天，以便医生充分评估患者对该剂量的反应。治疗心绞痛的推荐剂量是 5～10 mg，每日一次。

尼群地平 Nitrendipine

【商品名或别名】舒麦特。

【适应证】高血压。

【使用方法】遵医嘱。

吲达帕胺 Indapamide

【商品名或别名】寿比山、美利巴。

【适应证】用于治疗高血压。

【使用方法】片剂（2.5 mg）。口服，成人常用量：一次 2.5 mg，每日 1 次。

高血压药的复方制剂

氯沙坦钾氢氯噻嗪 Losartan Potassium Hydrochlorothiazide

【商品名或别名】海捷亚。

【适应证】本品用于治疗高血压，适用于联合用药治疗的患者。

【用法用量】常用的本品起始剂量和维持剂量是每日一次，每次一片氯沙坦钾氢氯噻嗪片（氯沙坦钾 50 mg+氢氯噻嗪 12.5 mg）。对降压效果不明显的患者，剂量可增加至每日一次，每次两片氯沙坦钾氢氯噻嗪片（氯沙坦钾 50 mg+氢氯噻嗪 12.5 mg）或一片氯沙坦钾氢氯噻嗪片（氯沙坦钾 100 mg+氢氯噻嗪 25 mg），且此剂量为每日最大服用剂量。通常，在开始治疗的 3 周内获得抗高血压效果。本品不能用于血容量不足的患者（如服用大剂量利尿剂治疗的患者），对严重肾功能不全（肌酐清除率≤30 mL/min）或肝功能不全的患者不推荐使用本品。老年高血压患者不需要调整起始剂量,但氯沙坦钾氢氯噻嗪片(氯沙坦钾 100 mg+ 氢氯噻嗪 25 mg)不应作为老年患者的起始治疗用药。本品可以和其他抗高血压药物联合服用。

缬沙坦氢氯噻嗪片 Valsartan and Hydrochlorothiazide Tablets

【商品名或别名】复代文。

【适应证】用于治疗单一药物不能充分控制血压的轻度－中度原发性高血压。本品不适合高血压的初始治疗。

【用法用量】本品每片含缬沙坦 80 mg 和氢氯噻嗪 12.5 mg。当用缬沙坦单一治疗不能控制血压时,用氢氯噻嗪 25 mg 每日一次不能满意控制血压时或发生低血钾时,可改用本品(含缬沙坦 80 mg、氢氯噻嗪 12.5 mg)每次一片,每日一次,在服药 2~4 周内可达到最大的降压疗效。

5. 降血脂药

血脂是血浆中的甘油三酯、胆固醇和类脂的总称。高血脂症是指血脂值超过正常范围,体内脂代谢出现障碍的一种疾病,主要表现为高胆固醇血症、高甘油三酯血症或两者兼有。高血脂症是冠状动脉疾病、中风和外周血管疾病的主要危险因素,降血脂药能降低血浆中甘油三酯和胆固醇的含量,改善冠心病进程,使冠心病的发病率和死亡率明显降低。降血脂药按临床作用可分为以下三类:

(1)主要降低血中胆固醇的药物,如他汀类:洛伐他汀、辛伐他汀;胆酸螯合物类:考来烯胺及其他减少胆固醇吸收的药物。

(2)主要降低甘油三酯的药物,如苯扎贝特、环丙贝特、非诺贝特,以及烟酸衍生物类。

(3)其他类药物,如谷甾醇、地维烯胺、绞股蓝总苷。

辛伐他汀 Simvastatin

【商品名或别名】舒降之。

【适应证】高脂血症、冠心病。

【使用方法】遵医嘱。

技能训练

心血管系统用药指导

一、强化练习

1. 学生课余时间到网上或药店收集心血管系统类药物的说明书,通过课外延展学习,进一步熟悉该类药物的商品名称、适应证及使用方法。注意区分各药品是处方药还是非处方药。

参考网站:药智网 https://db.yaozh.com

壹药网 https://www.111.com.cn

手机 App:用药助手

2. 独立完成表2-17要求的内容填写,巩固所学知识。

表2-17 常用心血管系统药品名称、适应证、使用方法归纳总结表

序号	通用名	商品名或别名	适应证	使用方法
1	地高辛			
2	硝酸甘油			
3	硝苯地平			
4	卡托普利			
5	缬沙坦			
6	苯磺酸氨氯地平			
7	吲达帕胺			
8	辛伐他汀			

二、模拟实训:心血管系统药品介绍

实践准备:工作服、药品陈列设备、实训用药品、模拟药房。

实践步骤:分组练习,4人一组,每次通过抽签决定小组成员和本次需实训的2个心血管系统药,由1名同学模拟医药商品购销员,另1名同学模拟顾客拟购买该药品,医药商品购销员全程接待顾客,并为顾客进行药品适应证、使用方法的介绍。其他两人观察他们的情境扮演、模拟接待、药品介绍中的优缺点,并及时

记录打分。模拟结束后，两人负责点评小组内医药商品购销员和顾客的实践表现并提出建议。各小组点评人和模拟医药商品购销员互换组内角色，重复上述实训过程。实训结束后，各小组推选最佳医药商品购销员参加组间模拟竞赛，教师和同学共同给予指导点评，评选出最佳小组，考核评分标准见表2-18。

考核要点：

1. 顾客进入药店后，医药商品购销员接待顾客的过程完整，语言规范合理。

2. 医药商品购销员能够灵活处理和应对顾客提出的问题，并能区分出是否为处方药，向顾客熟练地介绍所需要购买的非处方药，并介绍药品的适应证、使用方法等。心血管系统药品多为处方药，医药商品购销员在执业药师审核完处方后，可协助执业药师做好药品的取药、发药、指导用药等工作。

3. 医药商品购销员在接待过程中要做到仪态大方、语言表达流畅、有理有据、灵活自如。

评分标准：

表2-18　心血管系统药品实训考核标准及评分表

序号	考核内容	考核要点	分值	得分
1	仪容仪表仪态	仪容整洁、仪表大方、仪态得体	10	
		精神面貌饱满、语言得体、表达顺畅	10	
2	考核药品1	药品名称、适应证、用途介绍准确	15	
		药品的使用方法介绍无误	15	
3	考核药品2	药品名称、适应证、用途介绍准确	15	
		药品的使用方法介绍无误	15	
4	顾客接待过程完整	能够独立完成顾客接待的完整过程，从迎接顾客至完成药学服务、送客的各环节无差错	20	
		合计	100	

八、内分泌系统用药

内分泌系统用药包括肾上腺皮质激素类药、甲状腺激素及抗甲状腺药、胰岛素及口服降糖药、性激素及促性腺激素类药等。本部分重点介绍治疗2型糖尿病常用的口服降糖药，包括以下类别：

1. 磺酰脲类： 格列本脲、格列吡嗪、格列齐特、格列喹酮等。

2. **餐时血糖调节药**：瑞格列奈、那格列奈等。

3. **双胍类**：二甲双胍、苯乙双胍等。

4. **α-葡萄糖苷酶抑制剂**：阿卡波糖、伏格列波糖、米格列醇等。

5. **胰岛素增敏剂**：吡格列酮、罗格列酮。

二甲双胍 Metformin

【商品名或别名】格华止、悦达宁。

【适应证】用于单纯饮食控制不满意的 2 型糖尿病患者，尤其是肥胖和伴高胰岛素血症者。用本药不但有降血糖作用，还可能有减轻体重和高胰岛素血症的效果。本品可与磺脲类口服降糖药合用，具协同作用；也可用于胰岛素治疗的患者，以减少胰岛素用量。

【使用方法】遵医嘱。

格列本脲 Glibenclamide

【商品名或别名】优降糖。

【适应证】适用于单用饮食控制疗效不满意的轻、中度 2 型糖尿病的患者，患者的胰岛 β 细胞有一定的分泌胰岛素功能，并且无严重的并发症。

【使用方法】遵医嘱。

阿卡波糖 Acarbose

【商品名或别名】拜糖平。

【适应证】配合饮食控制治疗 2 型糖尿病、降低糖耐量低减者的餐后血糖。

【使用方法】片剂（50 mg）。用餐前即刻整片吞服或与前几口食物一起咀嚼服用，剂量因人而异。一般推荐剂量：起始剂量为每次 50 mg，每日 3 次；以后逐渐增加至每次 0.1 g，每日 3 次；个别情况下，可增至每次 0.2 g，每日 3 次；或遵医嘱。

九、泌尿系统用药

1. 利尿剂

利尿剂是一类作用于肾脏，促进体内电解质和水的排泄，增加尿量，消除水肿的药物。常用利尿剂按照作用不同分为以下 4 类：

（1）**高效利尿剂**。临床用于治疗各种急性、严重性水肿，如心性水肿、肾性水肿等，利尿作用强大，多用于其他利尿药无效的严重病例。代表药物：呋塞米、布美他尼、托拉塞米等。典型不良反应是水-电解质紊乱和耳毒性。

（2）**中效利尿剂**。主要是噻嗪类利尿剂，作用强度中等，是临床广泛使用的口服利尿剂和抗高血压药，尤其适用于充血性心力衰竭、老年高血压、单纯收缩期高血压患者，还可用于尿崩症。代表药物：氢氯噻嗪、苄噻嗪。

（3）**低效利尿药**。又称为留钾利尿药，能够减少钾离子排出，主要治疗与醛固酮升高有关的顽固性水肿，常与其他利尿药合用治疗水肿性疾病；也可用作治疗高血压的辅助药物，与噻嗪类利尿药合用预防低血钾；用于原发性醛固酮增多症的诊断和治疗。代表药物：螺内酯、氨苯蝶啶、乙酰唑胺等。

（4）**渗透性利尿药**。又名脱水药，适用于脑水肿、青光眼、大面积烧伤引起的水肿，预防和治疗肾功能衰竭、腹水等。常用药物：甘露醇、山梨醇、高渗葡萄糖、尿素等。

2. 良性前列腺增生用药

良性前列腺增生是导致中、老年男性下尿路症状的最常见原因，主要表现为尿频、尿急、排尿困难、夜尿增多、充盈尿失禁以及急、慢性尿潴留等症状。常用药物能治疗缓解症状，提高生活质量，常用药物：特拉唑嗪、坦洛新、非那雄胺。

氢氯噻嗪 Hydrochlorothiazide

【商品名或别名】双克、双氢克尿塞。

【适应证】①用于治疗水肿性疾病，常见的包括充血性心力衰竭、肝硬化腹水、肾病综合征、急慢性肾炎水肿、慢性肾功能衰竭早期；②用于治疗高血压；③用于治疗中枢性或肾性尿崩症；④用于治疗肾石症。

【使用方法】遵医嘱。

内分泌系统药和泌尿系统药

一、强化练习

1. 学生课余时间到网上或药店收集降糖药和利尿类药物的说明书，通过课外延展学习，进一步熟悉该类药物的商品名称、适应证及使用方法。注意区分各药品是处方药还是非处方药。

参考网站：药智网 https://db.yaozh.com

壹药网 https://www.111.com.cn

手机 App：用药助手

2. 独立完成表 2-19 中的内容填写，巩固所学知识。

表 2-19 常用泌尿系统和内分泌系统药品名称、适应证、使用方法归纳总结表

序号	通用名	商品名或别名	适应证	使用方法
1	二甲双胍			
2	格列本脲			
3	阿卡波糖			
4	氢氯噻嗪			

二、模拟实训：降糖药和利尿药药品介绍

实践准备：工作服、药品陈列设备、实训用药品、模拟药房。

实践步骤：分组练习，4 人一组，每次通过抽签决定小组成员和本次需实训的 2 个药品，由 1 名同学模拟医药商品购销员，另 1 名同学模拟顾客拟购买该药品，医药商品购销员全程接待顾客，并为顾客进行药品适应证和使用方法的介绍。其他两人观察他们的情境扮演、模拟接待、药品介绍中的优缺点，并及时记录打分。模拟结束后，两人负责点评小组内医药商品购销员和顾客的实践表现并提出建议。各小组点评人和模拟医药商品购销员互换组内角色，重复上述实训过程。实训结束后，各小组推选最佳医药商品购销员参加组间模拟竞赛，教师和同学共同给予指导点评，评选出最佳小组，考核评分标准见表 2-20。

考核要点：

1. 顾客进入药店后，医药商品购销员接待顾客的过程完整，语言规范合理。

2. 医药商品购销员能够灵活处理和应对顾客提出的问题，并能区分出是否为处方药，向顾客熟练地介绍需要购买的非处方药品的适应证、使用方法。本部分药多为处方药，医药商品购销员在执业药师审核处方后，可协助药师做好取药、发药等一些基本药学服务。

3. 医药商品购销员在接待过程中要做到仪态大方、语言表达流畅、有理有据、灵活自如。

评分标准：

表 2-20　常用内分泌系统药和泌尿系统药实训考核标准及评分表

序号	考核内容	考核要点	分值	得分
1	仪容仪表仪态	仪容整洁、仪表大方、仪态得体	10	
1	仪容仪表仪态	精神面貌饱满、语言得体、表达顺畅	10	
2	考核药品1	药品名称、适应证、用途介绍准确	15	
2	考核药品1	药品的使用方法介绍无误	15	
3	考核药品2	药品名称、适应证、用途介绍准确	15	
3	考核药品2	药品的使用方法介绍无误	15	
4	顾客接待过程完整	能够独立完成顾客接待的完整过程，从迎接顾客至完成药学服务、送客的各环节无差错	20	
		合计	100	

十、抗过敏药

过敏反应也称为变态反应，是一种病理免疫反应，它是机体受到抗原性物质如花粉、食物（鸡蛋、花生）、药物等刺激后引起的组织损伤和生理功能紊乱，其机制和过程非常复杂，其中过敏介质的释放而引起的神经和细胞反应是过敏症状产生的重要原因。肥大细胞和嗜碱性粒细胞释放的组胺会引起荨麻疹、过敏性鼻炎等过敏症状。

防治变态反应性疾病的药物又称为抗过敏药，可分为五类。①抗组胺药，如氯苯那敏、苯海拉明、氯雷他定等；②抑制抗原抗体反应的药，如肾上腺皮质激素类、免疫抑制剂等；③抑制过敏活性介质释放药，如色甘酸钠、酮替芬等；④控制或拮抗症状药，如沙丁胺醇、异丙肾上腺素、钙剂等；⑤组胺脱敏药，采用小剂量组胺稀释液对病人进行反复递增刺激，以提高病人对组胺的耐受性。

在各类抗过敏药物中，抗组胺药物为主要药物，其分类及特点见表 2-21。

表 2-21　抗组胺药分类及特点

类别	药物名称	主要特点
第一代	氯苯那敏、苯海拉明、异丙嗪、赛庚啶	具有抗过敏作用和止痒效果，治疗过敏性皮肤病及晕动病疗效可靠，对中枢神经系统抑制作用比较明显

续表

类别	药物名称	主要特点
第二代	氯雷他定、西替利嗪、特非那定、阿司咪唑	几乎没有或仅有轻度的抑制中枢神经系统作用,但该类药物中的阿司咪唑和特非那定都有导致心律失常的不良反应
第三代	左西替利嗪、地氯雷他定、非索非那丁	副作用少,疗效更好

氯苯那敏 Chlorphenamine

【商品名或别名】扑尔敏。

【适应证】①过敏性鼻炎,对过敏性鼻炎和上呼吸道感染引起的鼻充血有效,可用于感冒或鼻窦炎;②皮肤黏膜的过敏,对荨麻疹、枯草热、血管运动性鼻炎均有效,并能缓解虫咬所致皮肤瘙痒和水肿;③也可用于控制药疹和接触性皮炎。

【使用方法】片剂(4 mg)。成人,口服:一次1片,一日3次。

氯雷他定 Loratadine

【商品名或别名】开瑞坦、海王抒瑞。

【适应证】缓解过敏性鼻炎有关症状,如喷嚏、流涕、鼻痒、鼻塞以及眼部痒及烧灼感。口服药物后,鼻和眼部症状及体征得以迅速缓解。也适用于缓解慢性荨麻疹、瘙痒性皮肤病及其他过敏性皮肤病的症状及体征。

【使用方法】分散片(10 mg)。口服:成人及12岁以上儿童,一日1次,一次10 mg。

十一、皮肤科及眼科用药

1. 皮肤科用药

皮肤病是发生在皮肤和皮肤附属器官疾病的总称。常见皮肤病有感染性皮肤病(病毒性、细菌性、真菌性等感染性皮肤病)、变态反应或免疫相关皮肤病(皮炎、银屑病、扁平苔藓)以及自身免疫性疾病等。

皮肤病的药物治疗可以分为内服和外用两大类。内服药物治疗是主要治疗手段,如给予抗感染药物、抗过敏药物、糖皮质激素等。局部皮肤病外用药物治疗可以根据患病部位状况选择不同的剂型,如用溶液剂、洗剂、酊剂、软膏剂等清洗或将其涂于患处。常见的外用药有:①抗感染药物,如红霉素软膏、阿昔洛韦软膏、克霉唑乳膏、酮康唑洗剂等;②糖皮质激素类药,如地塞米松软膏、氢化可的松软膏等;③皮肤角质溶解药,如尿素、鱼石脂、水杨酸等。

克霉唑 Clotrimazole

【商品名或别名】三苯甲咪唑、抗真菌Ⅰ号。

【适应证】用于体癣、股癣、手癣、足癣、花斑癣、头癣以及念珠菌性甲沟炎和念珠菌性外阴阴道炎。

【使用方法】乳膏（1%；3%）。外用：皮肤感染，涂于洗净患处，一日2～3次；外阴阴道炎，涂于洗净患处，每晚1次，连续7日。

酮康唑 Ketoconazole

【商品名或别名】采乐、金达克宁、顺风康王。

【适应证】适用于手癣、足癣、体癣、股癣及花斑癣及皮肤念珠菌病。洗剂用于头皮糠疹（头皮屑）、局部性花斑癣、脂溢性皮炎。

【使用方法】多种剂型，请遵医嘱或按药品说明书使用。

氢化可的松乳膏 Hydrocortisone Ointment

【商品名或别名】尤卓尔。

【适应证】适用于过敏性皮炎、脂溢性皮炎、过敏性湿疹及苔藓样瘙痒症等。

【使用方法】乳膏（10 g：10 mg）。外用：一日2～4次，涂于患处，并轻揉片刻。

醋酸地塞米松乳膏 Dexamethasone Acetate Ointment

【适应证】主要用于过敏性和自身免疫性炎症性疾病，如局限性瘙痒症、神经性皮炎、接触性皮炎、脂溢性皮炎、慢性湿疹等。

【使用方法】软膏剂（10 g：5 mg）。外用，涂于患处，一日2～3次。

皮炎平即为醋酸地塞米松乳膏的复方制剂，是非处方药，临床主要适应证同上。

2. 眼科用药

凡是用于治疗眼部疾病的药品统称为眼科疾病用药，种类很多，包括全身用药和局部用药两大类，有的药品既可全身用药又可局部用药，常用剂型包括滴眼剂、眼膏剂、凝胶剂等。

本部分仅介绍眼科疾病常用的治疗药物，包括抗细菌感染药、抗病毒药、治疗青光眼药、散瞳药等。

常用眼科抗感染药物有氯霉素、左氧氟沙星、阿昔洛韦、氧氟沙星、利福平、红霉素等药物的眼用制剂。降低眼压的药品有毛果芸香碱、噻吗洛尔、乙酰唑胺等。还有其他药物如治疗白内障的莎普爱思滴眼液，散瞳用的阿托品滴眼液等。

氯霉素滴眼液 Chloramphenicol Eye Drops

【商品名或别名】润舒。

【适应证】本品为氯霉素类抗生素,适用于沙眼、结膜炎、角膜炎、眼睑缘炎等。

【使用方法】遵医嘱。

硝酸毛果芸香碱 Pilocarpine Nitrate

【商品名或别名】真瑞。

【适应证】青光眼用药。适用于急性闭角型青光眼、慢性闭角型青光眼、开角型青光眼、继发性青光眼等。做配眼镜检查后可用本品滴眼缩瞳以抵消睫状肌麻痹剂或扩瞳药的作用。

【使用方法】遵医嘱。

抗过敏药和皮肤科、眼科用药

一、强化练习

1. 学生课余时间到网上或药店收集抗过敏药和皮肤科、眼科药物的说明书,通过课外延展学习,进一步熟悉该类药物的商品名称、适应证及使用方法。注意区分各药品是处方药还是非处方药。

参考网站:药智网 https://db.yaozh.com

壹药网 https://www.111.com.cn

手机 App:用药助手

2. 独立完成表 2-22 中的内容填写,巩固所学知识。

表 2-22 常用抗过敏药和皮肤科、眼科药品名称、适应证、使用方法归纳总结表

序号	通用名	商品名或别名	适应证	使用方法
1	氯苯那敏			
2	氯雷他定			
3	克霉唑			

续表

序号	通用名	商品名或别名	适应证	使用方法
4	酮康唑			
5	氢化可的松			
6	醋酸地塞米松			
7	氯霉素滴眼液			
8	硝酸毛果芸香碱			

二、模拟实训：抗过敏药和皮肤科、眼科药品介绍

实践准备：工作服、药品陈列设备、实训用药品、模拟药房。

实践步骤：分组练习，4人一组，每次通过抽签决定小组成员和本次实训的2个药品，由1名同学模拟医药商品购销员，另1名同学模拟顾客拟购买该药品，医药商品购销员全程接待顾客，并为顾客进行药品适应证、使用方法的介绍。其他两人观察他们的情境扮演、模拟接待、药品介绍中的优缺点，并及时记录打分。模拟结束后，两人负责点评小组内医药商品购销员和顾客的实践表现并提出建议。各小组点评人和模拟医药商品购销员互换组内角色。结束后，小组推选最佳医药商品购销员参加组间模拟竞赛，教师和同学共同给予指导点评，评选出最佳小组，考核评分标准见表2-23。

考核要点：

1. 顾客进入药店后，医药商品购销员接待顾客的过程完整，语言规范合理。

2. 医药商品购销员能够灵活处理和应对顾客提出的问题，并能区分出是否为处方药，向顾客熟练地介绍需要购买的非处方药的适应证、使用方法。

3. 医药商品购销员在接待过程中要做到仪态大方、语言表达流畅、有理有据、灵活自如。

评分标准：

表2-23 常用抗过敏类药和皮肤科、眼科用药实训考核标准及评分表

序号	考核内容	考核要点	分值	得分
1	仪容仪表仪态	仪容整洁、仪表大方、仪态得体	10	
		精神面貌饱满、语言得体、表达顺畅	10	
2	考核药品1	药品名称、适应证、用途介绍准确	15	
		药品的使用方法介绍无误	15	

续表

序号	考核内容	考核要点	分值	得分
3	考核药品2	药品名称、适应证、用途介绍准确	15	
		药品的使用方法介绍无误	15	
4	顾客接待过程完整	能够独立完成顾客接待的完整过程，从迎接顾客至完成药学服务、送客的各环节无差错	20	
		合计	100	

三、拓展提升：过敏性鼻炎用药

实训步骤：

步骤1：接待顾客

医药商品购销员："您好，您需要什么帮助？"

顾客："你好，今天早上起来，我看见外面草长莺飞，春光大好，于是禁不住打开窗子，呼吸一下新鲜空气。可没过多一会儿就感觉到鼻子一阵奇痒，紧接着不能控制地一连打了十几个喷嚏，还流了很多清水样的鼻涕，鼻塞。眼睛也跟着痒，现在眼睛红得跟兔子眼儿似的，好像过敏了，看看我用点什么药？"

步骤2：向顾客介绍药品，指导用药

医药商品购销员："根据您目前的状况判断这是比较典型的过敏症状，您以前有过这种情况吗？"

顾客："几年前也有过这样的过敏情况。"

医药商品购销员："您用'氯雷他定片'这个药吧，这个药特别适合治疗季节性过敏性鼻炎（减轻鼻部或非鼻部症状），一天只需口服1次，一次1片，既能对症治疗，服用又方便。"

顾客："上次过敏就用的这个药，可是不记得药名了，这会儿看到药盒我想起来了。"

医药商品购销员："嗯，您记不住药的通用名的话可以记这个简单的名字'开瑞坦'。"

顾客："好的，谢谢！"（医药商品购销员开票，顾客交费取药）

医药商品购销员："这是您的药'开瑞坦'一盒，你看一下，一天1次，一次1片，按说明书的要求服用，有什么不清楚的您可以随时问。同时要注意远离过敏源，好转后多锻炼，提高自身免疫力，祝您早日康复！"

十二、其他类

1. 血液系统用药

血液系统用药主要包括抗贫血药、促凝血药、抗凝血药与溶血栓药、抗血小板药、血容量扩充剂等。

（1）**抗贫血药**。贫血是指在单位容积的血液中，红细胞计数、血红蛋白量或红细胞比容低于正常值。贫血的种类不同，常见抗贫血类药物种类也有所不同，主要包括：①缺铁性贫血，常用药物为铁剂；②巨幼细胞性贫血，常用药物为叶酸、维生素 B_{12}、亚叶酸钙；③再生障碍性贫血，常用药物有免疫抑制剂（环孢素等）、雄性激素（司坦唑醇等）。

（2）**促凝血药**。促凝血药是指能加速血液凝固或降低毛细血管通透性，使出血停止的药物，又称止血药。常用的有维生素 K_1、酚磺乙胺、凝血酶、氨甲苯酸等。

（3）**抗凝血药与溶血栓药**。抗凝血药是指能降低血液凝固性以抑制血栓形成和扩展的药物。常见抗凝血代表药物有肝素钙、依诺肝素、华法林钠、双香豆素等。溶血栓药是促进纤维蛋白溶解从而溶解血栓的药物，常用血栓溶解药有链激酶、尿激酶等。

（4）**抗血小板药**。抗血小板药可抑制血小板聚集，从而抑制血栓形成，是防治血栓性疾病的重要药物。常用代表药有阿司匹林、双嘧达莫、氯吡格雷（波立维）等。

（5）**血容量扩充剂**。血容量扩充剂是用以维持和增加血浆容量的制剂。常用药物有右旋糖苷 40、右旋糖苷 70、低分子羟乙基淀粉等。

硫酸亚铁 Ferrous Sulfate

【适应证】适用于各种原因（如慢性失血、营养不良、妊娠、儿童发育期等）引起的缺铁性贫血。

【使用方法】片剂（0.3 g，以铁计 60 mg）。成人口服：预防用一次 1 片、一日 1 次，治疗用一次 1 片、一日 3 次，饭后服。

维生素 B_{12} Vitamin B_{12}

【商品名或别名】钴胺素，氰钴胺。

【适应证】主要用于巨幼红细胞性贫血，也可用于亚急性联合变性神经系统病变，如神经炎的辅助治疗。

【使用方法】多种剂型，请遵医嘱或按药品说明书使用。

叶酸 Folic Acid

【商品名或别名】斯利安。

【适应证】①各种原因引起的叶酸缺乏及叶酸缺乏所致的巨幼红细胞贫血；②妊娠期、哺乳期妇女预防给药；③慢性溶血性贫血所致的叶酸缺乏。

【使用方法】片剂（5 mg）。口服：成人一次 5~10 mg、一日 3 次直至血常规恢复正常；儿童一次 5 mg、一日 3 次（或一日 5~15 mg，分 3 次）；妊娠期、哺乳妇女预防用药一次 0.4 mg、一日 1 次。

维生素 K_1 Vitamin K_1

【适应证】适用于各种原因引起的维生素 K 依赖性凝血因子过低导致的凝血障碍，中度梗阻性黄疸（胆、胰疾病）等伴有凝血功能改变及其他出血性疾病。

【使用方法】遵医嘱。

氨甲苯酸 Aminomethylbenzoic Acid

【商品名或别名】止血芬酸。

【适应证】止血药。主要用于因原发性纤维蛋白溶解过度所引起的出血，包括急性和慢性、局限性或全身性的纤溶亢进性出血，后者常见于癌肿、白血病、妇产科意外、严重肝病出血等。

【使用方法】遵医嘱。

肝素 Heparin

【商品名或别名】肝素钠、肝磷脂。

【适应证】适用于防治血栓形成或栓塞性疾病（如心肌梗死、血栓性静脉炎、肺栓塞等），各种原因引起的弥漫性血管内凝血（DIC），以及血液透析、体外循环、导管术、微血管手术等操作中和某些血液标本或器械的抗凝处理。

【使用方法】遵医嘱。

尿激酶 Urokinase

【商品名或别名】活欣、UK。

【适应证】本品主要用于血栓栓塞性疾病的溶栓治疗，包括急性广泛性肺栓塞、胸痛 6~12 h 内的冠状动脉栓塞和心肌梗死、症状短于 3~6 h 的急性期脑血管栓塞、视网膜动脉栓塞和其他外周动脉栓塞症状严重的髂–股静脉血栓形成者。也用于人工心瓣手术后血栓形成的预防，以保持血管插管和胸腔及心包腔引流管的通畅等。溶栓的疗效均需后继的肝素抗凝加以维持。

【使用方法】遵医嘱。

双嘧达莫 Dipyridamole

【商品名或别名】潘生丁。

【适应证】适用于抗血小板聚集,预防血栓形成。

【使用方法】遵医嘱。

2. 维生素类

维生素是维持人体健康所必需的一类低分子有机化合物,人体每日对维生素的需要量不大,常以毫克或微克计算。多数维生素不能在体内合成,即使能合成少数几种维生素,其在数量上也不能满足机体的需要,而必须从动植物食品中获得。当缺乏维生素时因物质代谢障碍而导致的疾病,称维生素缺乏症。维生素种类繁多,化学结构和功能各异,一般分为脂溶性维生素和水溶性维生素两大类。脂溶性维生素包括维生素 A、维生素 D、维生素 E、维生素 K 等,水溶性维生素包括 B 族维生素的维生素 B_1、维生素 B_2、维生素 B_6、维生素 B_{12}、维生素 H 以及维生素 C、维生素 PP(烟酸)、叶酸等。维生素类药物的主要用途是防治维生素缺乏症,临床上也用于某些疾病的辅助治疗。

维生素 C Vitamin C

【商品名或别名】抗坏血酸、果味维 C。

【适应证】①适用于防治坏血病,也可用于各种急慢性传染性疾病及紫癜等的辅助治疗。克山病患者发生心源性休克时,可用大剂量维生素 C 治疗。②适用于慢性铁中毒的治疗(维生素 C 促进去铁胺对铁的络合,使铁排出加速)。③适用于特发性高铁血红蛋白血症的有效治疗。④适用于治疗肝硬化、急性肝炎和砷、汞、铅、苯等慢性中毒时肝脏的损害。

【使用方法】片剂(0.1 g)。成人,口服:①饮食补充,一日 50~100 mg。②慢性透析病人,一日 100~200 mg。③维生素 C 缺乏,一次 100~200 mg,一日 3 次,至少服 2 周;小儿每日 100~300 mg,至少服 2 周。④酸化尿,一日口服 4~12 g,分次服用,每 4 h 一次。⑤特发性高铁血红蛋白血症,每日 300~600 mg,分次服用。

维生素 D_2 Vitamin D_2

【适应证】①适用于维生素 D 缺乏症的预防与治疗,如绝对素食者、肠外营养患者、胰腺功能不全伴吸收不良综合征患者、肝胆疾病(肝功能损害、肝硬化、阻塞性黄疸)患者、小肠疾病(脂性腹泻、局限性肠炎、长期腹泻)患者、胃切除患者等;②适用于慢性低钙血症、低磷血症、佝偻病及伴有慢性肾功能不全的骨软化症、家族性低磷血症及甲状旁腺功能低下（术后、特发性或假性甲状旁腺功能低下）的治疗；③适用于治疗急、慢性及潜在手术后手足抽搐症及特发性手足抽搐症。

【使用方法】遵医嘱。

维生素 AD Vitamin AD

【商品名或别名】鱼肝油制剂、Cod Liver Oil。

【适应证】适用于预防和治疗维生素 A 及 D 的缺乏症，如佝偻病、夜盲症及小儿手足抽搐症。

【使用方法】遵医嘱或按药品说明书使用。

维生素 E Vitamin E

【商品名或别名】生育酚。

【适应证】适用于心、脑血管疾病及习惯性流产、不孕症的辅助治疗，预防未成熟儿及低出生体重婴儿维生素 E 缺乏引起的溶血性贫血，以及进行性肌营养不良的辅助治疗。

【使用方法】遵医嘱或按药品说明书使用。

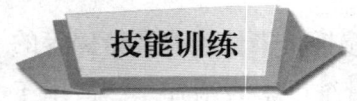

技能训练

血液系统用药及维生素类药

一、强化练习

1. 学生课余时间到网上或药店收集血液系统和维生素类药物的说明书，通过课外延展学习，进一步熟悉该类药物的商品名称、适应证及使用方法。注意区分各药品是处方药还是非处方药。

参考网站：药智网 https://db.yaozh.com

壹药网 https://www.111.com.cn

手机 App：用药助手

2. 独立完成表 2-24 中的内容填写，巩固所学知识。

表 2-24　常用血液系统和维生素类药品名称、适应证、使用方法归纳总结表

序号	通用名	商品名或别名	适应证	使用方法
1	硫酸亚铁			
2	维生素 B_{12}			
3	叶酸			
4	维生素 K_1			
5	氨甲苯酸			
6	肝素			
7	尿激酶			
8	双嘧达莫			
9	维生素 C			
10	维生素 D_2			
11	维生素 AD			
12	维生素 E			

二、模拟实训：血液系统药品及维生素类药品介绍

实践准备： 工作服、药品陈列设备、实训用药品、模拟药房。

实践步骤： 分组练习，4人一组，每次通过抽签决定小组成员和本次实训的2个药品，由1名同学模拟医药商品购销员，另1名同学模拟顾客购买该药品，医药商品购销员全程接待顾客，并为顾客进行药品适应证、使用方法的介绍。其他两人观察他们的情境扮演、模拟接待、药品介绍中的优缺点，并及时记录打分。模拟结束后，两人负责点评小组内医药商品购销员和顾客的实践表现并提出建议。各小组点评人和模拟医药商品购销员互换组内角色，结束后，小组推选最佳医药商品购销员参加组间模拟竞赛，教师和同学共同给予指导点评，评选出最佳小组，考核评分标准见表2-25。

考核要点：

1. 顾客进入药店后，医药商品购销员接待顾客的过程完整，语言规范合理。

2. 医药商品购销员能够灵活处理和应对顾客提出的问题，并能区分出是否为处方药，能熟练地向顾客介绍需要购买的非处方药的适应证、使用方法。

3. 医药商品购销员在接待过程中要做到仪态大方、语言表达流畅、有理有据、灵活应变。

评分标准：

表 2-25　血液系统及维生素类考核标准及评分表

序号	考核内容	考核要点	分值	得分
1	仪容仪表仪态	仪容整洁、仪表大方、仪态得体	10	
		精神面貌饱满、语言得体、表达顺畅	10	
2	考核药品1	药品名称、适应证、用途介绍准确	15	
		药品的使用方法介绍无误	15	
3	考核药品2	药品名称、适应证、用途介绍准确	15	
		药品的使用方法介绍无误	15	
4	顾客接待过程完整	能够独立完成顾客接待的完整过程，从迎接顾客至完成药学服务、送客的各环节无差错	20	
		合计	100	

3. 抗寄生虫类药

抗寄生虫类药是指用于驱除和杀灭体内外寄生虫的药物。常见的寄生虫很多，有寄生在人体肠道的肠虫，如蛔虫、蛲虫、绦虫；还有寄生在人体血液或组织细胞的原虫，如疟原虫；有寄生在人体腔道的原虫，如阿米巴原虫、阴道滴虫等。预防和治疗不同寄生虫引起的疾病选择不同的药物，常用药物有抗疟药、抗阿米巴及滴虫药、抗吸虫药、抗肠虫药、抗绦虫药等。本部分主要介绍一些常见的抗疟药、抗阿米巴病药。

（1）**抗疟药**。抗疟药一般分为三类：①主要用于控制疟疾症状的抗疟药，如氯喹、哌奎、青蒿素、双氢青蒿素等；②主要用于防止疟疾复发与传播的抗疟药，如伯氨喹等；③主要用于预防疟疾的抗疟药，如乙胺嘧啶、磺胺多辛等。

氯喹 Chloroquine

【商品名或别名】氯化喹林。

【适应证】适用于治疗对氯喹敏感的恶性疟、间日疟及三日疟，并可用于疟疾症状的抑制性预防，也可用于治疗肠外阿米巴病、结缔组织病、光敏感性疾病（如日晒红斑）等。

【使用方法】遵医嘱。

青蒿素 Artemisinin

【商品名或别名】黄蒿素。

【适应证】主要用于间日疟、恶性疟的症状控制，以及耐氯喹虫株的治疗。也可用于治疗凶险型恶性疟疾，如脑型、黄疸型等。

【用法用量】栓剂（600 mg）。成人常用量：直肠给药，首次0.6 g，4 h后0.6 g，第2、第3日各0.4 g。

【使用方法】遵医嘱。

双氢青蒿素 Dihydroartemisinin

【商品名或别名】科泰新。

【适应证】适用于各种类型疟疾的症状控制，尤其是对抗氯喹恶性及凶险型疟疾有较好疗效。

【使用方法】遵医嘱。

伯氨喹 Primaquine

【商品名或别名】伯氨喹啉。

【适应证】主要用于根治间日疟和控制疟疾传播。

【使用方法】遵医嘱。

（2）抗阿米巴病药

甲硝唑 Metronidazole

【商品名或别名】灭滴灵。

【适应证】适用于治疗肠道和肠外阿米巴病（如阿米巴肝脓肿、胸膜阿米巴病等）、阴道滴虫病、小袋虫病和皮肤利什曼病、麦地那龙线虫感染等，目前还广泛用于厌氧菌感染的治疗。

【使用方法】多种剂型，请遵医嘱或按药品说明书使用。

替硝唑 Tinidazole

【商品名或别名】替尼达唑、凯服新。

【适应证】①适用于各种厌氧菌感染，如败血症、骨髓炎、腹腔感染、盆腔感染、肺支气管感染、鼻窦炎、皮肤蜂窝组织炎、牙周感染及术后伤口感染；②作为结肠直肠手术、妇产科手术及口腔手术等的术前预防用药；③适用于肠道及肠道外阿米巴病、阴道滴虫病、贾第虫病、加得纳菌阴道炎等的治疗；④也可作为甲硝唑的替代药用于幽门螺杆菌所致的胃窦炎及消化性溃疡的治疗。

【使用方法】多种剂型，请遵医嘱或按药品说明书使用。

（3）驱肠虫药

阿苯达唑 Albendazole

【商品名或别名】史克肠虫清。

【适应证】适用于蛔虫病、蛲虫病和钩虫、鞭虫、旋毛虫等线虫病外,还可用于治疗囊虫和包虫病。

【使用方法】片剂(0.2 g)。口服,成人常用量:①蛔虫及蛲虫病一次400 mg,顿服。②钩虫病、鞭虫病,一次400 mg,一日2次,连服3日。③旋毛虫病,一次400 mg,一日2次,连服7日。④囊虫病,按体重每日20 mg/kg,分3次口服,10日为1个疗程,一般需1~3个疗程。疗程间隔视病情而定,多为3个月。⑤包虫病,按体重每日20 mg/kg,分2次口服,疗程1个月,一般需5个疗程以上,疗程间隔为7~10日。

技能训练

抗寄生虫药

一、强化练习

1. 学生课余时间到网上或药店收集抗寄生虫类药物的说明书,通过课外延展学习,进一步熟悉该类药物的商品名称、适应证及使用方法。注意区分各药品是处方药还是非处方药。

参考网站:药智网 https://db.yaozh.com

壹药网 https://www.111.com.cn

手机 App:用药助手

2. 独立完成表2-26中的内容填写,巩固所学知识。

表2-26 常用抗寄生虫类药名称、适应证、使用方法归纳总结表

序号	通用名	商品名或别名	适应证	使用方法
1	氯喹			
2	青蒿素			
3	双氢青蒿素			
4	伯氨喹			
5	甲硝唑			

续表

序号	通用名	商品名或别名	适应证	使用方法
6	替硝唑			
7	阿苯达唑			

二、模拟实训：抗寄生虫药品的适应证、使用方法介绍

实践准备： 工作服、药品陈列设备、实训用药品、模拟药房。

实践步骤： 分组练习，4人一组，每次通过抽签决定小组成员和本次需实训的2个抗寄生虫药，由1名同学模拟医药商品购销员，另1名同学模拟顾客购买该药品，医药商品购销员全程接待顾客，并为顾客进行药品适应证、使用方法的介绍。其他两人观察他们的情境扮演、模拟接待、药品介绍中的优缺点，并及时记录打分。模拟结束后，两人负责点评小组内医药商品购销员和顾客的实践表现并提出建议。各小组点评人和模拟医药商品购销员的同学互换组内角色，重新完成上面实训内容。实训结束后，各小组推选最佳医药商品购销员和顾客参加组间模拟竞赛，教师和同学共同给予指导点评，评选出最佳小组，考核评分标准见表2-27。

考核要点：

1. 顾客进入药店后，医药商品购销员接待顾客的过程完整，语言规范合理。

2. 医药商品购销员能够灵活处理和应对顾客提出的问题，并能区分出是否为处方药，向顾客熟练介绍需要购买的非处方药的适应证、使用方法。

3. 医药商品购销员在接待过程中要做到仪态大方、语言表达流畅、有理有据、灵活自如。

评分标准：

表2-27 抗寄生虫药实训考核标准及评分表

序号	考核内容	考核要点	分值	得分
1	仪容仪表仪态	仪容整洁、仪表大方、仪态得体	10	
		精神面貌饱满、语言得体、表达顺畅	10	
2	考核药品1	药品名称、适应证、用途介绍准确	15	
		药品的使用方法介绍无误	15	
3	考核药品2	药品名称、适应证、用途介绍准确	15	
		药品的使用方法介绍无误	15	
4	顾客接待过程完整	能够独立完成顾客接待的完整过程，从迎接顾客至完成药学服务、送客的各环节无差错	20	
		合计	100	

三、拓展提升：抗寄生虫药的用药指导

实训步骤：

步骤1：接待顾客

医药商品购销员："您好，您需要什么帮助？"

顾客："你好，我去外地工作了一段时间，那里的卫生条件不是很好，周边也有得蛔虫病的人，我刚做了检查，医生让我吃肠虫清。"

步骤2：向顾客介绍药品，指导用药

医药商品购销员："嗯，肠虫清（阿苯达唑）是用来防治寄生虫的，还是一个广谱驱虫药，能完全杀死蛔虫、蛲虫、钩虫、鞭虫、旋毛虫等。"

顾客："那好，我买一盒。"

医药商品购销员："先生，这药您只需吃两片就可以了，我们可以拆零销售的，省着您多花钱，药品买回去久放过期还浪费。"

顾客："太好了，谢谢你！"

医药商品购销员："为顾客着想是我们应该做的，先生，开好小票了，您付费就可以了。"

顾客："好的！"（顾客交费取药）

医药商品购销员：（手部清洁、消毒，检查核对好待拆零药品包装、说明书、有效期等是否合格。保证用药安全后，戴手套后用剪刀沿折线剪取两片肠虫清片，将"肠虫清"服用方法、有效期限等事宜标明在小药袋上，并将剪下来的药品装入药袋，交给顾客。）"先生，这是您的药品——两片肠虫清，您最好晚上睡前服用，因为虫子比较喜欢夜间活动，一次两片，其间避免吃过油及辛辣刺激性食物，可以多吃一些富含粗纤维的蔬菜水果，以便虫体排出。"

顾客："你的服务真周到，非常感谢！"

医药商品购销员：整理好柜台商品，检查是否将拆零后的商品放回原包装，放置拆零专柜。做好药品拆零记录。

培训课程 3

药物的合理使用

培训目标

1. 掌握合理用药的四个基本准则及特殊人群用药的注意事项；
2. 熟悉合理使用抗菌药的要求；
3. 了解滥用药物的危害。

一、合理用药

世界卫生组织（WHO）于1985年在内罗毕召开的合理用药专家会议上，把合理用药定义为："合理用药要求患者接受的药物适合他们的临床需要、药物的剂量符合他们的个体需要、疗程足够、药价对患者及其社区最为低廉。"

WHO于1987年提出合理用药的标准是：①处方的药应为适宜的药物；②在适宜的时间，以公众能支付的价格保证药物供应；③正确地调剂处方；④以准确的剂量、正确的用法和疗程服用药物；⑤确保药物质量安全有效。

1. 药物选择的基本准则

当今比较公认的合理用药包含安全性、有效性、经济性与适当性四个基本要素，这四个要素也是药物选择的基本准则。

（1）**安全性**。安全性是合理用药的首要条件，直接体现了药学技术人员对病人和公众切身利益的保护。药品作为诊断、预防、治疗疾病的特殊商品，对人类而言是一把"双刃剑"，可以防治疾病，同时也会因为不良反应危害人类。广大医药工作者要根据患者的病情及年龄、性别、病情缓急、生理状态和用药目的以及药物性质，合理选用适宜的给药途径和给药方案，让用药者承受最小的治疗风险，获得最大的治疗效果，以保障人民用药安全合理。

（2）**有效性**。"药到病除"是药物治疗的最理想目标，但实际用药中不同药物的有效性表现明显不同，分别为：①根治致病原，治愈疾病；②延缓疾病进程；③缓解临床症状；④预防疾病发生；⑤避免某种不良反应的发生，调节人的生理功能。

判断有效性的指标有多种，临床常用治愈率、显效率、好转率、无效率等。儿童、老人和不同个体间的差异等都影响药物在人体内的代谢能力和耐受能力，也影响药物在不同个体中产生的有效性，这就要求广大医药工作者充分利用自身专业知识，根据不同人群合理选择药物，以达到最佳治疗效果。

（3）**经济性**。经济性的正确含义是获得单位用药效果所投入的成本（成本与效果之比）尽可能地低，所获得的治疗效果应尽可能地使医患双方满意。药品有价值的区别，但对医生来说应对症选择、合理用药。以尽可能少的药费支出换取尽可能大的治疗收益，合理使用有限医疗卫生资源减轻患者及社会的经济负担。

（4）**适当性**。适当性是指选适当的药物、适当的剂型，以适当的剂量，在适当的时间，经过适当的途径，给适当的患者，使用适当的疗程，达到适当的治疗目标。

1）适当的药物。根据疾病的轻重和患者的机体条件选择最有针对性的药物进行治疗。如果患者有多种疾病，还要权衡利弊，考虑联合用药以增加药物的协同作用，减少不良反应。例如，患者既患有高血压又患有痛风时，应尽量选择可以降低尿酸值的降压药氯沙坦，而避免选择可能增加血尿酸值的含氢氯噻嗪的降压药如珍菊降压片等。

2）适当的剂型和适当的给药途径。药物剂型的选择要满足治疗目的与给药途径的要求，如急症患者要求药效迅速宜用注射剂、气雾剂、舌下片、滴丸等速效剂型；而慢性病患者用药宜缓和持久，常选用丸剂、片剂及长效缓释制剂等；皮肤疾患一般可用软膏剂等外用剂型；药物剂型的选择还要考虑到患者服用、携带、保管的情况。

3）适当的剂量。应按药品说明书规定的给药剂量为基础，按照患者的年龄、体重或体表面积、病情轻重，在执业医师或药师的指导下确定适宜的用药剂量。强调因人而异的个体化给药原则。患者切忌根据自我感觉症状随意增减剂量，避免药物过量引发中毒或未达到药效等问题出现。

4）适当的时间。要求遵循具体药物的药物动力学和时辰药理学的原理，依据药物在体内的作用规律，设计给药时间和间隔。例如：每天两次，应尽量间隔12 h服药，在早7点和晚7点用药。如果每日三次，应尽量间隔8 h服药，可根据作息时间在早 6 点、下午 2 点和晚 10 点用药。药物工作者指导患者选择合适的时间服用某种药物，有时不仅能提高疗效，还会降低药物的副作用，如催眠药需要在临睡前服用，对消化系统有刺激性的药物如阿司匹林普通片可饭后服用，阿卡波糖（降糖药）是通过抑制小肠黏膜上皮细胞表面的 α- 葡萄糖苷酶而影响碳水化合物的吸收来降低餐后血糖的，该类药必须在第一口进食时嚼服才能起到较好的治疗作用，因此，该类药物需在餐中服用。

5）适当的疗程。患者接受治疗的时间长短应按疾病的治疗原则，遵从医嘱，按疗程服药。单纯为增加治疗保险系数而延长给药时间，不仅浪费药物，而且容易产生蓄积中毒、细菌耐药等不良反应。反之，为了节省药物，症状刚刚得到控制就停药往往不能彻底治愈疾病，反而会为疾病复发和耗费更多的医药资源留下隐患。

6）适当的患者。对每个患者来说，因为遗传因素、性别、年龄、体重、生理病理特征、病因病机以及正在服用的其他药物等综合情况的差异，即使在有相同病症的情况下，药物治疗也应"因人而异""量体裁衣"，应为患者制订安全、合理、有效、经济的药物治疗方案。对不需要药物治疗或者可以采用其他更经济的替代疗法的患者，则应当避免安慰用药或保险用药。对老人、儿童、妊娠期和哺乳期妇女、肝肾功能不良者、过敏体质等特殊的患者，医药商品购销员更应强调用药禁忌，指导患者安全合理用药。

7）适当的治疗目标。当患者受到病痛困扰，往往希望药到病除，彻底根治疾病，或者不切实际地要求使用没有副作用的药物。药物治疗目标受现阶段医疗和药物发展水平的限制，不能做到药到病除，有些药物治疗只能起到减轻症状或延缓病情发展的作用。患者应采取积极、客观和科学的态度正视这个现状，接受现实条件下可以达到的用药目标。

2. 医药商品购销员在合理用药中的作用

（1）有利于保证药品质量。 医药商品购销员应严格按照《药品经营质量管理规范》要求对药品进行入库验收，并将验收后的药品做好验收记录并建立库存记录。不同种类药品按药品本身的存储要求分区、分类存放，定期进行养护。医药商品购销员利用专业知识对药品进行效期管理、质量安全管理，保证顾客能用到优质合格的药品。

（2）有利于个体化用药，提高治疗效果。 医药商品购销员利用自己的专业知识为每一位患者提供个性化用药方案，如对同样腹泻的不同患者应给予不同药物治疗，由于寒冷等应激刺激引起的腹泻不需要抗菌药物治疗，但由于食入不洁食物引起的腹泻则需用抗菌药物（如氟哌酸等）治疗。

（3）有利于预防和降低药品的不良反应。在用药期间，由于缺乏专业知识，消费者往往重复应用药物或同时应用配伍禁忌的药物，如在服用甲氧氯普胺的同时又服用多潘立酮，服用维生素C的同时又服用庆大霉素，将氨茶碱与环丙沙星同用等。这些情况均大大增加了药物的不良反应，降低药效。

（4）有利于节约医药卫生经费。在日常用药中，百姓往往有贵的药比便宜药更有效、新药比老药更好用、感冒必用抗菌药、增加药量可提高疗效、输液治疗好得快等错误观点，这些错误认知必然会增加治疗费用。其实，例如多数感冒并非有细菌感染，因此没有必要服用抗菌药，医药商品购销员应针对患者的具体情况给予用药指导，这样既能保障疗效也能降低医药费用。

3. 特殊人群用药

（1）老年人用药。老年人的各器官组织都有不同程度的退行性变化，影响了药物在体内的吸收、分布、代谢和排泄，因此，老年人用药更要多加注意：

1）避免选用药物的品种过多。要针对老年人病情合理选药，可用可不用的药物以不用为好，尽量避免一次服用多种药品，以免发生由于药物相互作用引发的不良反应。

2）掌握最低有效用药剂量。老年人生理功能与年轻人不同，肝脏解毒功能减退，对药物的代谢能力下降；肾脏血流量减少，肾功能减退，对药物的排泄速度减慢；胃肠消化功能减弱，肠蠕动减慢，药物在胃内的停留时间延长；小肠黏膜的屏障作用降低，对药物的吸收比青壮年要多。因此，老年人的用药剂量应比青壮年有所减少，一般可以从3/4或1/2的用量开始。

3）定期检查。慢性病患者长期服药要定期到医院复查，监测肝肾功能，及时调整用药品种和用量，以免产生蓄积引发中毒。

4）选择适宜的用药时间。掌握好用药最佳时间可以提高药物疗效，减少不良反应。老年人一般易健忘，为防止忘服或不按时服药，用药期间应注意随时观察，让家人了解用药情况，以确保用药安全有效。另外，有的药应饭前服，以提高吸收率和疗效，而有的药则应在饭后服，以减少药物的副作用。

5）遵从医嘱，不宜轻信广告。医药商品购销员可根据医生辨证后指导体弱的老年人适当用些补虚益气之品，劝其切忌听信广告盲目购买药品。有些中药和西药不能随意合用，随意更改药物易引起毒副作用，并延误最佳治疗时间。

（2）儿童用药。儿童正处于生长发育阶段，机体尚未发育成熟，对药物的反应与成人有所不同。因此，在儿童用药时应该特别注意以下方面。

1）儿童不宜用成人药。儿童用药的选择在品种、剂型、剂量方面都需考虑这个年龄段人体发育的特点，而不能随意参照成人用药剂量。应根据儿童不同发育时期的生理特点、药物特点合理选择药物，严格掌控用药剂量，才能取得良好疗效。

2）小儿禁用或慎用药物。国内外已有资料表明链霉素、卡那霉素、庆大霉素等药物有可能损害儿童的听神经而引起耳聋，多黏菌素等能导致儿童的肾脏损伤，四环素、氟哌酸等药物能影响幼儿的牙齿和骨骼的发育，感冒通则能导致儿童血尿，鼻炎净（萘甲唑啉）能导致儿童中毒。药学工作人员应全面掌握儿童禁用、慎用药物，针对儿童用药品的特殊性，对儿童用药给予正确指导。

3）儿童不宜滥用药物进补。由于某些保健品含有激素或类激素成分，长期服用会促使儿童性早熟。维生素 A、维生素 D 吃多了会出现厌食、发热、烦躁、哭闹、肝肿大及肾脏损害。维生素 C 用处虽多，但大量服用也会引起腹痛、腹泻等症状，以及药物中毒。把丙种球蛋白当成补药使用，易造成荨麻疹等副作用。因此，儿童服用补品，有时不仅无益，还可能给儿童带来严重的危害。

（3）妊娠期、哺乳期和月经期妇女用药

1）妊娠期的妇女服用有些药物后不但对自己有影响，而且还可通过胎盘影响胎儿，因为胎盘屏障并不能阻挡所有的药物进入胎儿的血液循环。原则上，孕妇在整个妊娠期间应当尽量少用或不用药物，包括中药及外用药物。如果必须服用药物，一定要在医生的指导下谨慎用药。特别是要尽量避免副作用未被完全认识的新药、各类抗生素、能引起子宫收缩的药物以及含有禁忌成分（如巴豆、芦荟、麝香等）的中成药，尤其要避免使用对胎儿致畸或不安全的药物。如在妊娠期间要禁用四环素、氯霉素、链霉素等药物。

2）哺乳期妇女用药后，某些药物成分可由母亲的血浆转入乳汁，进而被婴儿摄入体内，导致婴儿出现残疾等问题。因此，在用药前一定要征求医生或药师的建议，并认真阅读药品说明书，万万不能随意用药。例如红霉素、四环素、氯霉素、磺胺类、氟喹诺酮类等抗生素、苯巴比妥等药物，哺乳期妇女均不宜使用。

3）妇女在月经期用药时，要考虑特殊时期的生理特点，注意有些药物应慎用或不宜使用。应暂停使用治疗阴道炎症的洗液、栓剂等，因为此时阴道局部用药会导致细菌逆行侵犯子宫腔及子宫内膜；抗凝血药可引起月经过多，甚至大出血，妇女在经期应避免使用；使用具有较强止血作用的药物后会引起行经不畅；减肥药中多含有抑制食欲的成分，可能导致月经紊乱甚至会导致闭经；经期内使用性激素类药物可造成月经紊乱。

（4）**驾驶、操纵机器和高空作业者用药**。驾驶、操纵机器和高空作业者在工作中需要高度集中注意力并保持头脑清楚、视物清晰，因此，在工作前应禁止服用一些易产生嗜睡、头晕、视物模糊的药物，如抗感冒药、抗过敏药、镇静催眠药等。

（5）**肝功能不全的病人用药**。许多药物能引起或加重患者肝功能的损害，常用的药物有巴比妥类镇静药、氯丙嗪、苯妥英钠、消炎痛、异烟肼、利福平、吡嗪酰胺、四基睾丸酮及某些抗肿瘤药等。肝功能不全的患者要避免服用能加重肝脏损害的药物，服用其他药物也要严格遵守药品使用说明书规定的用法用量。用药过程中还要定期作肝功能检验，一旦发现肝功能异常，马上停药，改用别的药。详细情况要向医生咨询。

（6）**肾功能不全的患者用药**。许多药物能加重肾脏的损害，例如巴比妥类镇静药、水杨酸类解热镇痛药、链霉素、卡那霉素、庆大霉素、异烟肼等。药物是否能加重肾脏的损害，要认真阅读药品使用说明书或向医务人员咨询，用药时一定要遵守说明书规定的用法用量，服用药物后也应定期监测、及时调整。

二、滥用药物的危害

合理用药在全世界都是一个重大问题。不合理用药产生的不良后果主要有以下几方面。

首先，延误疾病治疗。用药不对症，给药剂量不足，疗程偏短，合并使用药理作用相互拮抗的药物等不合理用药，直接影响到药物治疗的有效性。轻者降低疗效，重者加重病情、延误最佳治疗时机，或导致治疗失败。

其次，浪费医药资源。不合理用药可造成药品乃至医药资源（物资、资金和人力）有形和无形的浪费。有形的浪费是显而易见的不合理消耗，如无病用药、多开不服、重复给药和无必要的合并使用多种药物。无形的浪费往往容易被医药工作者和患者忽视，如处置药物不良反应和药源性疾病，要增加医药资源的耗费。

最后，不合理用药会产生更严重的药物不良反应和药源性疾病。药物不良反应和药源性疾病的病原都是药物，差别在于造成的后果和对患者的危害程度不同，有些危害一旦发生将不可逆转，甚至危及人的生命。医药商品购销员在工作中必须足够重视，时刻警惕。

1. 抗生素不合理应用的危害

凡是超时、超量、不对症使用或未严格规范使用抗生素，都属于不合理使用抗生素。不当使用抗生素会给患者带来"三重危害"。

（1）**毒副作用**。擅自加大药量或未严格规范使用抗生素的情况，很可能使人的神经系统、肾脏、血液系统、消化系统受到损害。儿童体内的各种器官尚未发育成熟，更容易遭到抗生素的损害或潜在的损害，首当其冲就是肝、肾两个器官。另外，庆大霉素、丁胺卡那等容易造成儿童耳聋，环丙沙星等对孩子软骨有潜在损害，氯霉素则可导致骨髓抑制和儿童灰婴综合征；青霉素等抗生素常引起过敏反应，严重时可能危及生命。

（2）**二重感染**。当长期大量应用广谱抗菌药物抑制或杀死敏感的细菌后，有些不敏感的细菌或霉菌却能继续生长繁殖，造成新的感染即二重感染。长期滥用抗菌药物的患者易出现二重感染，且治疗困难，病死率高。

（3）**细菌产生耐药性**。大量使用抗生素无疑是对致病菌抗药能力的"锻炼"，在绝大多数普通细菌被杀灭的同时，之前并不占优势的具有抗药性的致病菌却存留了下来，并大量繁殖。在药物长期刺激下，一部分致病菌产生变异而成为耐药菌株。这种耐药性既会被其他细菌所获得，也会遗传给下一代。"超级细菌"很大程度上就是抗菌药物滥用催生出来的。如果这种情况持续恶化下去，很可能使人在感染时处于无药可用的境地。

2. 解热镇痛抗炎药不合理应用的危害

解热镇痛药很容易被不合理应用，原因是此类药物使用范围相当广泛，除具有解热、镇痛两大功效外，有些还具有消炎、抗风湿等作用。很多这类药属于非处方药，一般在药店都能买到，这也是药品滥用的客观原因。

不合理应用主要表现为患者为了解除疼痛症状，往往在数周至数月或更长时间连续用药，或者随意地超剂量用药。如果长期滥用药物会造成药源性疾病，有时还会形成对药物的依赖性（如中枢性止痛药曲马多）。长期服用含非那西丁的制剂，可引起肾乳头坏死、间质性肾炎等，甚至还可能诱发肾盂癌和膀胱癌。非那西丁易使血红蛋白形成高铁血红蛋白，使血液携氧能力下降，引起紫绀反应。非那西丁还可引起溶血性贫血，对视网膜有一定毒性。此外，长期服用阿司匹林，可对听神经造成损害，引起耳鸣、眩晕和听力下降或加重哮喘，还可引起人体过敏性哮喘、荨麻疹、过敏性鼻炎等。在正常的剂量下使用这些药物的副作用一般是轻微的，但长期大剂量应用可引起消化道出血或溃疡，影响造血系统功能，引起肝损害、肾损害等许多严重不良反应。

另外，解热镇痛药的复方制剂较多，市面上的商品名称不一，在使用解热镇痛药复方制剂时应了解其成分，以免盲目使用，导致重复用药物而导致不良反应。

3. 中药不合理应用的危害

中药和中成药的历史悠久，应用广泛，大量研究和临床实践表明，合理应用的情况下，其安全性是较高的。合理使用包括正确的辨证选药、正确的用法用量、使用疗程等多方面，任何环节有问题都可能引发药物的不良反应。不合理使用中药制品主要体现在以下几方面。

（1）**服用剂量不当**。有些中药含有有毒成分，如附子中含有乌头碱，小剂量使用具有治疗作用，剂量过大或使用不当就会引起中毒，如若一次内服云南白药量超过 0.5 g，就会引起头晕、恶心呕吐、四肢厥冷等症状，甚至造成肾功能衰竭。

（2）**辨证用药不当**。如给肝阳上亢患者服用细辛、肉桂，等于火上加油。六味地黄丸是滋补肾阴的药物，当患者肾阴充盈而肾中阳气不足时，服用六味地黄丸则会进一步损伤其阳气，从而造成畏寒怕冷、性欲冷淡、阳痿早泄、腰酸腹泻、夜尿增加等症状。

（3）**违反用药禁忌**。有悖于明令规定的配伍禁忌、妊娠禁忌、服药时的饮食禁忌，如含麻黄碱的复方枇杷糖浆等不可与强心药、降压药联用，合用后易导致心率失常。

（4）**疗程长短失宜**。有些人认为中药药效慢而长期服用。长期大量服用安宫牛黄丸、牛黄清心丸等含有朱砂的中药，易造成慢性蓄积中毒。

经研究发现，有些中药成分存在造成明显脏器损害的毒性或有致癌风险。如大量长期服用黄药子及含黄药子的中成药壮骨关节丸等易导致肝脏损害；关木通、马兜铃、龙胆泻肝丸等中成药中含马兜铃酸，具有明显肾毒性，久用蓄积达到中毒剂量时，可造成肾小管功能受损，从而引起急性肾衰、尿毒症，甚至存在引发肾癌的风险等。

4. 激素不合理应用的危害

糖皮质激素类在临床应用较为广泛，它具有抗毒、抗炎、抗休克、免疫抑制以及抗感染、调节蛋白质等物质的合成与代谢等药理作用，临床常用于严重感染、休克、哮喘、肾病、皮肤病等的治疗，可迅速改善症状。人们在生活中往往仅重视糖皮质激素的药理作用，而忽视其对机体各组织系统的影响以及不良反应。

（1）激素不合理应用方式

1）作常规退热药应用。激素具有抑制热原的释放作用，并可直接作用于体温中枢，因此可使热度下降或防止发热。用激素后不但可以降低体温，还可使患者精神欣快、食欲增加。一些医生对于临床发热的患者，在未诊断明确的情况下即盲目对其使用糖皮质激素降温，最常见的是将地塞米松进行静滴或者肌注。其结果是延误诊治，可能导致某些感染性疾病的感染病灶进一步扩散。

2）作抗生素使用。最为常见的是上呼吸道感染时，一些医药工作者在抗生素中加用地塞米松，他们认为这样可发挥抗生素与糖皮质激素间的协同作用，增强抗炎效果。其实，有研究显示，超生理剂量的糖皮质激素在一些炎症反应及其不同阶段中都可以起到一定的抵抗效果，但是该类激素在起到抑制、减轻炎症的同时会造成机体防御能力的下降，造成一些潜在感染病灶的扩散，从而增加治疗的难度。

3）作止痒剂使用。糖皮质激素有抗过敏与抗炎作用，能减少组胺或毒素对皮肤的刺激，因此其是皮肤科最常使用的外用药物。凡遇皮肤瘙痒，在未诊断明确的情况下，人们就习惯使用糖皮质激素，有些不适宜使用糖皮质激素治疗的皮肤病也用糖皮质激素，从而造成误诊误治，以及出现皮肤萎缩干裂、毛细血管扩张、深红色斑、丘疹、渗液、溃疡、脱屑、多毛症、皮炎等糖皮质激素使用的不良反应。

4）用于预防输液反应。部分医药工作者习惯在静脉滴注或静脉注射液中加入地塞米松、氢化可的松等药物，认为这样可以利用其抗过敏作用预防和减轻输液反应。其实，此类药物本身就有一定的致敏作用，用于输液反应的预防没有相应的证据支持，还有可能产生过敏性皮疹。

（2）滥用激素的危害。在临床上不合理地滥用激素的危害主要有以下几方面：

1）干扰和掩盖病情。激素类药物属免疫抑制剂，虽然对发热等症状有所抑制，但是却能使细菌、病毒、真菌、寄生虫等致病微生物的活动性增强、致病菌繁殖加快，导致原有病灶感染扩散、炎症反复、皮损扩大，从而加重病情。

2）物质代谢和水盐代谢紊乱。长疗程大剂量使用激素易引起类肾上腺皮质功能亢进综合征，如满月脸、向心性肥胖、浮肿、痤疮、月经紊乱、肱或股骨头缺血性坏死、骨质疏松及骨折、肌无力、肌萎缩、低血钾综合征、胰腺炎、消化性溃疡或穿孔、儿童生长受到抑制、青光眼、白内障、良性颅内压升高综合征、糖耐量减退和糖尿病加重等。

3）精神异常。欣快感、激动、谵妄、不安、定向力障碍，也可表现为抑制。精神症状易发生于患慢性消耗性疾病的患者及以往有过精神不正常者身上。

4）影响胎儿发育。妊娠期间使用激素可造成胎儿发育迟缓，有致畸作用。激素滥用会给患者的健康乃至生命造成重大影响。因此，广大药学工作者在使用激素时必须严格掌握用药适应证及药物种类、剂型、剂量、使用方法及不良反应的预防等，以保障患者用药安全、有效。

5）长期滥用激素。长期滥用激素可导致机体正常的免疫功能受到抑制甚至衰竭，在微生物入侵时，易导致感染难以控制并引发扩散和损害加重。

三、合理使用抗生素

1. 明确诊断，合理选药

只有诊断为病原菌感染者方有指征应用抗生素，临床应根据患者的实际病情，综合考虑感染的病原体、药物敏感实验和药物的抗菌谱选择药物。在选用抗生素时应遵循"能窄不广、能低不高、能少不多"的原则，口服制剂能控制感染的就不用针剂，肌肉注射能控制感染的就不用静脉滴注。

2. 根据患者的生理病理情况合理用药

根据病情、病原菌种类、药物特点制订综合治疗方案，选择相应的抗生素、给药剂量、给药途径、给药次数、疗程及是否有联合用药指征等。孕妇、哺乳期妇女、老人、儿童及其他有合并症的人群在应用抗生素时应考虑患者的实际情况选择用药，如肾功能不好者禁用阿米卡星等。

3. 预防性用药必须严格控制

内、外科预防性应用抗生素的前提是应有一定的适应证，普通的感冒、麻疹等病毒感染性疾病通常不宜用抗生素进行常规预防治疗。随便应用抗生素预防，有时并不能减少感染的发生，反而促进耐药菌株生长和导致二重感染，甚至掩盖症状和延误诊断及治疗的时机。

4. 尽量避免局部用药

除少数情况（中枢神经系统感染的鞘内给药，包裹性厚壁脓肿及眼科用药等）外，局部应用抗生素容易发生过敏反应并产生耐药菌，应尽量避免。

5. 合理联合用药

抗生素联合应用的原则是：病原体未明确的严重感染；已应用或考虑应用单一抗生素难以控制的感染；机体深部感染或抗生素不易渗透部位的感染，如心内膜炎、中枢神经系统感染；慢性难愈的感染病程较长，病灶不易清除，长期应用抗生素治疗，细菌可能产生耐药性，为减少药物不良反应，联合用药时可将各药剂量适当减少。

为了加强抗生素的管理，提高抗生素的临床应用水平，规范抗生素的应用行为，促进合理应用抗生素，控制细菌耐药性，保障广大人民群众的用药安全、有效、经济、适当，国家出台了许多管理规定，主要有《关于加强零售药店抗菌药物销售管理促进合理用药的通知》《抗菌药物临床应用指导原则》《处方管理办法》《国家基本药物及基本药物管理制度》《关于加强全国合理用药监测工作的通知》《抗菌药物临床应用管理办法》（卫生部令第 84 号）和《关于持续做好抗菌药物临床应用管理有关工作的通知》（国卫办医发〔2018〕9 号）等。上述规定中临床的抗生素分级管理、医生的处方点评、抗生素监测评价和公众宣传工作都为进一步扎实地、严格地开展抗生素合理应用起到了积极作用。

不合理联合用药案例解析

一、解热镇痛药不合理应用解析

门诊病例：患者，李某，男，40 岁，因"发热、头痛 1 天"就诊，体温 39 ℃，诊断为上呼吸道感染。

制疗方案：酚氨咖敏 1 片，3 次/天，口服；去痛片 2 片，3 次/天，口服。

用药分析：每片酚氨咖敏含对乙酰氨基酚 0.15 g、氨基比林 0.1 g、咖啡因 30 mg、氯苯那敏 2 mg，每片去痛片含氨基比林 0.15 g、非那西丁 0.15 g、咖啡因 50 mg、苯巴比妥 15 mg。两种药都含氨基比林及咖啡因，作用类似，重复应用解热镇痛药，会导致用量太大，毒性增强。

使用注意：含有相同成分的复方制剂不宜合用。酚氨咖敏与去痛片不宜合用，任选一种即可。

二、抗菌药不合理应用解析

门诊病例：患者女性，65 岁，因"咳嗽 3 天"就诊，体温 36.9 ℃，诊断为支气管炎。

治疗方案：5% 葡萄糖注射液 250 mL，注射用阿奇霉素 0.5 g，静脉滴注，每天 1 次；0.9% 氯化钠注射液 250 mL，注射用克林霉素 0.6 g，静脉滴注，每天两次。

用药分析：阿奇霉素与克林霉素同作用于细菌核糖体 50 s 亚基，干扰细菌蛋白质合成。两种药作用靶部位相同，联用产生药理性拮抗。因此，不宜同用，用其一即可。

注意事项：联合应用药物应以提高药物疗效、避免重复用药、减少不良反应发生为目的。

模块测试题

一、单项选择题（下列每题的选项中，只有 1 个是正确的，请将正确的代号填在括号内）

1. 非处方药又称为柜台药，英文缩写为（　　）。
   A. OCT   B. OTC   C. ADR   D. TCO

2. 在药品说明书和包装标签上未要求印刷专有标识的是（　　）。
   A. 非处方药   B. 麻醉药品   C. 普通处方药   D. 放射性药品

3. 下面不属于解热镇痛抗炎药的是（　　）。
   A. 阿司匹林   B. 对乙酰氨基酚   C. 布洛芬   D. 曲马多

4. 对乙酰氨基酚属于（　　）解热镇痛药。
   A. 水杨酸类   B. 苯胺类   C. 吡唑酮类   D. 有机酸类

5. 吲哚美辛的商品名是（　　）。
   A. 芬必得   B. 泰宝   C. 英太青   D. 消炎痛

6. 下列药物不具有抗炎、抗风湿作用的是（　　）。
   A. 阿司匹林   B. 扑热息痛
   C. 布洛芬   D. 双氯芬酸钠

7. 4~6 岁儿童使用小儿氨酚黄那敏颗粒时的用量范围是（　　）。
   A. 0.5~1 包   B. 1~1.5 包
   C. 1.5~2 包   D. 2~3 包

8. 商品名为安定的药物是（　　）。
   A. 地西泮   B. 苯海索
   C. 艾司唑仑   D. 吡拉西坦

9. 舒乐安定的通用名是（　　）。
A. 苯巴比妥　　　　B. 地西泮　　　　C. 艾司唑仑　　　　D. 佐比克隆
10. 既可用于帕金森病又可预防甲型流感的药物是（　　）。
A. 利巴韦林　　　　B. 链霉素　　　　C. 金刚烷胺　　　　D. 左旋多巴
11. 维思通的通用名是（　　）。
A. 利培酮　　　　B. 舒必利　　　　C. 氯丙嗪　　　　D. 氯普噻吨
12. 商品名为安坦的药物是（　　）。
A. 地西泮　　　　B. 苯海索　　　　C. 艾司唑仑　　　　D. 吡拉西坦
13. 治疗脑动脉缺血性疾病、头晕、耳鸣、眩晕的药物是（　　）。
A. 氟桂利嗪　　　　B. 西替利嗪　　　　C. 茶苯海明　　　　D. 苯海拉明
14. 治疗精神失常药物不包括（　　）。
A. 抗精神病药　　　　B. 抗抑郁药　　　　C. 抗躁狂药　　　　D. 抗惊厥药
15. 下列属于二代头孢菌素类药物是（　　）。
A. 头孢氨苄　　　　B. 头孢拉定　　　　C. 头孢克洛　　　　D. 头孢曲松
16. 下列抗菌药物对军团菌有较好疗效的是（　　）。
A. 青霉素　　　　B. 红霉素　　　　C. 四环素　　　　D. 氯霉素
17. 磺胺增效剂的英文缩写是（　　）。
A. INH　　　　B. SMZ　　　　C. TMP　　　　D. SIZ
18. 下列抗结核病药物中不属于一线抗结核药的是（　　）。
A. 异烟肼　　　　　　　　　　B. 利福平
C. 吡嗪酰胺　　　　　　　　　D. 对氨基水杨酸钠
19. 下列抗真菌药物中可用于侵袭性深部真菌感染治疗的是（　　）。
A. 水杨酸　　　　B. 十一烯酸　　　　C. 两性霉素　　　　D. 特比奈芬
20. 治疗单纯性疱疹病毒感染（如单纯性疱疹病毒性脑炎）应选用（　　）。
A. 金刚烷胺　　　　B. 阿糖腺苷　　　　C. 利巴韦林　　　　D. 拉米夫定
21. 泰利必妥是下列哪个药物的商品名（　　）。
A. 左氧氟沙星　　　　　　　　B. 氧氟沙星
C. 诺氟沙星　　　　　　　　　D. 环丙沙星
22. 青霉素 G 又名（　　）。
A. 苄青霉素　　　　　　　　　B. 普鲁卡因青霉素
C. 苄星青霉素　　　　　　　　D. 氨苄青霉素

23. 下列何药不属于青霉素类（　　）。
    A. 青霉素G   B. 氨苄西林   C. 阿莫西林   D. 头孢氨苄
24. 氨基糖苷类抗生素不包括（　　）。
    A. 链霉素   B. 阿米卡星   C. 庆大霉素   D. 头孢氨苄
25. 下列哪项不是青霉素G的适应证（　　）。
    A. 扁桃体炎   B. 大叶性肺炎   C. 流脑   D. 伤寒
26. 伤寒、副伤寒首选（　　）。
    A. 罗红霉素   B. 阿莫西林   C. 庆大霉素   D. 氯霉素
27. 下列正确的药物归类是（　　）。
    A. 罗红霉素为大环内酯类   B. 强力霉素为氨基苷类
    C. 苯唑青霉素为广谱抗生素   D. TMP为磺胺类
28. 先锋霉素Ⅳ的通用名是（　　）。
    A. 头孢氨苄   B. 头孢子克洛
    C. 头孢子拉啶   D. 头孢羟氨苄
29. 下面不是克拉霉素适应证的是（　　）。
    A. 军团菌病   B. 肺炎支原体肺炎
    C. 肺结核   D. 急性扁桃体炎
30. 属于氨基糖苷类抗生素的是（　　）。
    A. 罗红霉素   B. 阿莫西林   C. 环丙沙星   D. 庆大霉素
31. 根除胃、十二指肠幽门螺杆菌的三联药中不包括（　　）。
    A. 阿莫西林   B. 克拉霉素   C. 兰索拉唑   D. 多潘立酮
32. 可用于治疗支原体感染的药物是（　　）。
    A. 甲硝唑   B. 阿奇霉素   C. 青霉素   D. 林可霉素
33. 下面不属于喹诺酮类药物的是（　　）。
    A. 氟哌酸   B. 泰利必妥   C. 可乐必妥   D. 雷米封
34. 下面药物属于抗病毒的是（　　）。
    A. 克霉唑   B. 咪康唑   C. 病毒唑   D. 酮康唑
35. 丽珠得乐的通用名是（　　）。
    A. 枸橼酸铋钾   B. 雷尼替丁   C. 西沙必利   D. 多潘立酮
36. 消化系统常见的H_2受体阻断药是（　　）。
    A. 奥美拉唑   B. 雷尼替丁   C. 乳酶生   D. 多潘立酮

37. 下面属于助消化类药物的是（　　）。
A. 乳酶生　　　　B. 胃复安　　　　C. 乳果糖　　　　D. 洛哌丁胺

38. 喷托维林属于（　　）。
A. 祛痰药　　　　B. 平喘药　　　　C. 镇咳药　　　　D. 镇痛药

39. 下面不属于祛痰的药物是（　　）。
A. 氨茶碱　　　　B. 氨溴索　　　　C. 羧甲司坦　　　　D. 溴己新

40. 下面属于强心药的是（　　）。
A. 硝酸甘油　　　　B. 普萘洛尔　　　　C. 硝苯地平　　　　D. 地高辛

41. 属于血管紧张素转换酶抑制剂的降压药是（　　）。
A. 吲哒帕胺片　　　　B. 卡托普利　　　　C. 硝普钠　　　　D. 利血平

42. 下列药物需舌下含服的是（　　）。
A. 氨氯地平　　　　B. 非诺贝特　　　　C. 硝酸甘油　　　　D. 奥美拉唑

43. 开博通的通用名是（　　）。
A. 美托洛尔　　　　B. 非诺贝特　　　　C. 贝那普利　　　　D. 卡托普利

44. 复方新诺明的通用名是（　　）。
A. 复方磺胺甲噁唑　　　　B. 磺胺嘧啶
C. 磷霉素　　　　D. 诺氟沙星

45. 下面药物中属于异烟肼适应证的是（　　）。
A. 支原体肺炎　　　　B. 立克次体病　　　　C. 结核病　　　　D. 伪膜性肠炎

46. 阿米卡星又名（　　）。
A. 丁胺卡那霉素　　　　B. 庆大霉素　　　　C. 链霉素　　　　D. 琥乙红霉素

47. 下列抗消化性溃疡药物中属于组胺受体阻断药的是（　　）。
A. 胃舒平　　　　B. 丽珠得林　　　　C. 泰胃美　　　　D. 丽珠得乐

48. 抗消化性溃疡药不包括（　　）。
A. 抗酸药　　　　B. 抑制胃酸分泌药
C. 胃黏膜保护剂　　　　D. 胃肠动力促进药

49. 下列属于质子泵抑制剂的药物是（　　）。
A. 西米替丁　　　　B. 奥美拉唑　　　　C. 哌仑西平　　　　D. 丙谷胺

50. 下列属于止泻药的是（　　）。
A. 乳果糖　　　　B. 比沙可啶　　　　C. 果导片　　　　D. 地芬诺酯

51. 下列属于渗透性泻药的是（　　）。

A. 乳果糖　　　　　B. 比沙可啶　　　C. 果导片　　　　D. 地芬诺酯

52. 下列药物属于祛痰药的是（　　）。

A. 可待因　　　　　B. 羧甲司坦　　　C. 沙丁胺醇　　　D. 倍氯米松

53. 下列属于糖皮质激素类平喘药的是（　　）。

A. 可待因　　　　　B. 羧甲司坦　　　C. 沙丁胺醇　　　D. 倍氯米松

54. 下列（　　）不属于平喘药。

A. M胆碱受体阻断剂　　　　　　　　B. 白三烯受体阻断剂

C. 多糖纤维素分解剂　　　　　　　　D. β_2-受体激动剂

55. 利菌沙是（　　）的商品名。

A. 罗红霉素　　　　B. 琥乙红霉素　　C. 阿奇霉素　　　D. 头孢拉定

56. 下列属于降血脂药的是（　　）。

A. 辛伐他汀　　　　B. 潘生丁　　　　C. 拉西地平　　　D. 吲达帕胺

57. 下列属于降血压药的是（　　）。

A. 地高辛　　　　　B. 胺碘酮　　　　C. 利血平　　　　D. 拜糖平

58. 下列属于抗心律失常药的是（　　）。

A. 地高辛　　　　　B. 胺碘酮　　　　C. 利血平　　　　D. 拜糖平

59. 下列属于降血糖药的是（　　）。

A. 地高辛　　　　　B. 胺碘酮　　　　C. 利血平　　　　D. 格列本脲

60. 下列属于中效利尿药的是（　　）。

A. 氢氯噻嗪　　　　B. 螺内酯　　　　C. 呋塞米　　　　D. 醛固酮

61. 下列属于渗透性利尿药的是（　　）。

A. 呋塞米　　　　　B. 螺内酯　　　　C. 氢氯噻嗪　　　D. 尿素

62. 下列药物可用于醛固酮增多症的是（　　）。

A. 呋塞米　　　　　B. 螺内酯　　　　C. 氢氯噻嗪　　　D. 尿素

63. 下列属于高效利尿药的是（　　）。

A. 呋塞米　　　　　B. 螺内酯　　　　C. 氢氯噻嗪　　　D. 尿素

64. 下列不属于口服降糖药的是（　　）。

A. 二甲双胍　　　　B. 格列苯脲　　　C. 阿卡波糖　　　D. 胰岛素

65. 下列属于钙通道阻滞剂的降压药是（　　）。

A. 美托洛尔　　　　B. 络活喜　　　　C. 缬沙坦　　　　D. 吲达帕胺

66. 扑尔敏的通用名是（　　）。

A. 氯苯那敏 B. 苯海拉明
C. 氯雷他定 D. 对乙酰胺基酚

67. 下列属于抗真菌类皮肤用药的是（　　）。

A. 999 皮炎平 B. 克霉唑乳膏
C. 红霉素软膏 D. 氢化可的松软膏

68. 用于治疗青光眼的药是（　　）。

A. 润舒 B. 毛果芸香碱
C. 环丙沙星滴眼液 D. 氧氟沙星滴眼液

69. 用于治疗慢性低钙血症的药是（　　）。

A. 维生素 A B. 维生素 D_2 C. 维生素 B_6 D. 维生素 B_1

70. 下列属于水溶性维生素的是（　　）。

A. 维生素 A B. 维生素 C C. 维生素 D D. 维生素 E

71. 下列（　　）是抑制过敏介质释放的抗过敏药。

A. 异丙嗪 B. 氯化钙 C. 酮替芬 D. 倍氯米松

72. 下列维生素可以用于治疗内因子缺乏所致巨幼红细胞贫血的是（　　）。

A. 维生素 A B. 维生素 C C. 维生素 B_{12} D. 维生素 E

73. 下列抗血栓药中属于溶血栓药的是（　　）。

A. 维生素 K B. 肝素 C. 华法林 D. 尿激酶

74. 用于心、脑血管疾病及习惯性流产、不孕不育症辅助治疗的是（　　）。

A. 维生素 A B. 维生素 C C. 维生素 D D. 维生素 E

75. 阿苯达唑是用于治疗（　　）的药物。

A. 高血压 B. 胃溃疡 C. 蛔虫病 D. 气管炎

76. 二甲双胍适用于治疗（　　）。

A. 高血脂症 B. 帕金森病 C. 糖尿病 D. 精神病

77. 按合理用药要求，适当的阿卡波糖给药时间是（　　）。

A. 饭后半小时 B. 睡前半小时
C. 第一口进食时 D. 饭前半小时

78. 下面不属于儿童禁用或慎用药的是（　　）。

A. 链霉素 B. 四环素 C. 护彤 D. 氟哌酸

79. 下列不属于妊娠期间应禁止应用的药物是（　　）。

A. 卡那霉素 B. 四环素 C. 乙醇 D. 叶酸

80. 下列应尽量避免局部应用抗菌药物的情况是（   ）。

A. 眼科感染　　　　　　　　　　B. 重要脏器感染

C. 皮肤表层感染　　　　　　　　D. 包裹性厚壁脓肿脓腔内给药

二、多项选择题（每题都有两个或两个以上正确答案，请将正确答案的代号填在括号内）

1. 抗消化性溃疡药物有（   ）。

A. 洛赛克　　　B. 丽珠得乐　　　C. 胃舒平　　　D. 吗丁啉

2. 甲硝唑适应于哪些寄生虫感染的预防和治疗（   ）。

A. 钩虫　　　B. 滴虫　　　C. 阿米巴原虫　　　D. 蛔虫

3. 呼吸系统药可分为（   ）。

A. 镇咳药　　　B. 祛痰药　　　C. 镇痛药　　　D. 平喘药

4. 下列药物中属于解热镇痛抗炎药的有（   ）。

A. 可待因　　　　　　　　　　B. 萘普生

C. 布洛芬　　　　　　　　　　D. 对乙酰氨基酚

5. 驾驶、操纵机器和高空作业者不宜应用的药物有（   ）。

A. 感康　　　B. 抗过敏药　　　C. 镇静催眠药　　　D. 青霉素类药

6. 哺乳期妇女不宜应用的药物有（   ）。

A. 红霉素　　　B. 四环素　　　C. 氯霉素　　　D. 苯巴比妥

7. 下面关于阿莫西林说法正确的有（   ）。

A. 阿莫西林是耐酸广谱青霉素

B. 成人一次口服片剂 0.5 g，每隔 6～8 h 一次

C. 适用于敏感菌所致上呼吸道感染

D. 阿莫西林又名阿莫仙

8. 儿童禁用或慎用的药物有（   ）。

A. 氟哌酸　　　　　　　　　　B. 链霉素

C. 四环素　　　　　　　　　　D. 对乙酰氨基酚

9. 抗菌药不合理应用产生的严重危害有（   ）。

A. 毒副作用　　　　　　　　　B. 二重感染

C. 细菌产生耐药性　　　　　　D. 精神异常

10. 合理用药的基本准则有（   ）。

A. 安全　　　B. 有效　　　C. 经济　　　D. 适当

三、判断题（下列判断正确的请打"√"，错误的请打"×"）

1. 可以在经批准的普通商业企业零售的药品是甲类非处方药。（   ）
2. 使用非处方药应注意正确判断疾病并按说明书准确用药。（   ）
3. 非处方药分为甲、乙两类，甲类非处方药专有标识为红色，乙类非处方药专有标识为绿色。（   ）
4. 处方药必须凭执业医师或执业助理医师的处方方可销售、购买和使用。（   ）
5. 国家根据药品的安全性，又将非处方药分为甲、乙两类，甲类非处方药更安全。（   ）
6. 处方药和非处方药必须分柜摆放，处方药不得开架自选销售。（   ）
7. 解热镇痛抗炎药都具有解热、镇痛、抗炎的药效。（   ）
8. 阿司匹林用于感冒发热、头痛、关节痛时，为解热镇痛类非处方药。（   ）
9. 小剂量阿司匹林可降低血液凝聚，预防血栓形成，属于非处方药。（   ）
10. 布洛芬的商品名为扶他林。（   ）
11. 复方氨酚烷胺为解热镇痛抗感冒的复方制剂。（   ）
12. 金刚烷胺可以用于治疗帕金森病。（   ）
13. 苯海索属于拟多巴胺类抗帕金森病药。（   ）
14. 吡拉西坦适用于多种原因所致的记忆减退及轻度脑功能障碍。（   ）
15. 天然青霉素一般不用于治疗病毒及真菌引起的感染。（   ）
16. 氨基糖苷类药物适用于治疗尿路感染。（   ）
17. 抗微生物药物包括抗生素、合成抗菌药、抗结核、抗真菌和抗病毒药等。（   ）
18. β-内酰胺类抗生素包括青霉素类、头孢菌素类及其他β-内酰胺类。（   ）
19. 氨基糖苷类抗生素对革兰氏阳性、阴性菌均有效，尤其对阳性菌药效强。（   ）
20. 四环素类属于广谱抗生素并对衣原体、支原体有效，但对立克次体无效。（   ）
21. 病毒唑是阿昔洛韦的别名，抗病毒药，可用于带状疱疹的治疗。（   ）
22. 阿昔洛韦适用于带状疱疹的治疗，但不适用于治疗生殖器疱疹病毒感染。（   ）

23. 青霉素适用于治疗溶血性链球菌感染所致的咽炎、扁桃体炎。（ ）
24. 磺胺嘧啶常缩写成 SM。（ ）
25. 抗酸药用于胃、十二指肠溃疡属于对因治疗。（ ）
26. 质子泵抑制剂能够减少胃酸分泌，以及抗消化性溃疡。（ ）
27. 胃舒平是氢氧化镁的商品名。（ ）
28. H_2 受体阻断剂的代表药物有西米替丁、法莫替丁等。（ ）
29. 胃泌素受体阻断剂雷尼替丁具有抑制胃酸分泌的作用。（ ）
30. 助消化药主要是通过补充消化酶发挥促进食物消化的作用。（ ）
31. 胃动力促进药多潘立酮能缓解由胃排空延缓引起的上腹部胀闷、疼痛症状，饭后 15～30 min 服用效果最佳。（ ）
32. 茶碱属于磷酸二酯酶抑制剂，是缓解哮喘的一线药物。（ ）
33. 祛痰药主要通过降低痰液黏稠程度、增加气管蠕动而起效。（ ）
34. 乳酶生可以用于小儿饮食失调所引起的腹泻、绿便等。（ ）
35. 地高辛是治疗心律失常的药物。（ ）
36. 心绞痛急性发作抢救时口服硝酸甘油片或舌下喷硝酸甘油气雾剂。（ ）
37. 硝苯地平属于钙通道阻滞剂，可用于高血压、心绞痛。（ ）
38. 卡托普利用于治疗常规治疗无效的高血压、严重的心绞痛。（ ）
39. 硝普钠是血管扩张药，常用于高血压危象的抢救。（ ）
40. 格列苯脲对Ⅰ型糖尿病也有效。（ ）
41. 二甲双胍商品名为拜糖平。（ ）
42. 氢氯噻嗪是保钾利尿药，可用于高血压、水肿性疾病以及醛固酮增多症。（ ）
43. 二甲双胍尤其适用于肥胖的糖尿病患者。（ ）
44. 维生素 C 用于治疗夜盲症。（ ）
45. 肠虫清只适用于小儿使用。（ ）
46. 股癣可选用皮炎平外用治疗。（ ）
47. 苯海拉明适用于皮肤黏膜的过敏性疾病，也可用于预防晕动病。（ ）
48. 肝素钠片可以用于预防脑血栓、动脉血栓。（ ）
49. 蒙脱石又名思密达，用于成人及儿童急慢性腹泻。（ ）
50. 抗过敏药氯雷他定具有重度中枢抑制作用、嗜睡的副作用。（ ）

51. 毛果芸香碱可用于青光眼的治疗。   (   )
52. 维生素 K 具有抗凝血的功能。   (   )
53. 甲硝唑又名灭滴灵,具有抗厌氧菌和抗原虫的作用。   (   )
54. 维生素 E 属于水溶性维生素。   (   )
55. 氯喹是抗结核药,而青蒿素是治疗疟疾的药。   (   )
56. 替硝唑可用于治疗各种厌氧菌的感染,也用于肠道及肠道外阿米巴病的治疗。   (   )
57. 驾驶、操纵机器和高空作业者在工作前禁止服用抗过敏药、抗感冒药等易产生嗜睡作用的药品。   (   )
58. 激素类药可以止痒,所以凡遇皮肤瘙痒均可用糖皮质激素。   (   )
59. 制订抗菌药治疗方案应综合考虑患者病情、病菌种类及抗菌药物特点。
                                                                    (   )
60. 儿童正在长身体,所以应该经常吃维生素 D,多多益善。   (   )

模块测试题答案

一、单项选择题

1. B   2. C   3. D   4. B   5. D   6. B   7. B   8. A
9. C   10. C   11. A   12. B   13. A   14. D   15. C   16. B
17. C   18. D   19. C   20. B   21. B   22. A   23. D   24. D
25. D   26. D   27. A   28. A   29. C   30. D   31. D   32. B
33. D   34. C   35. A   36. B   37. A   38. C   39. A   40. D
41. B   42. C   43. D   44. A   45. C   46. A   47. C   48. D
49. B   50. D   51. A   52. B   53. D   54. C   55. B   56. A
57. C   58. B   59. D   60. A   61. D   62. B   63. A   64. D
65. B   66. A   67. B   68. B   69. B   70. B   71. C   72. C
73. D   74. D   75. C   76. C   77. C   78. C   79. D   80. B

二、多项选择题

1. ABC   2. BC   3. ABD   4. BCD   5. ABC   6. ABCD
7. ABCD   8. ABC   9. ABC   10. ABCD

三、判断题

1. ×   2. √   3. √   4. √   5. ×   6. √   7. ×   8. √

9. × 10. × 11. √ 12. √ 13. × 14. √ 15. √ 16. √
17. √ 18. √ 19. × 20. × 21. × 22. × 23. √ 24. ×
25. × 26. √ 27. × 28. √ 29. × 30. √ 31. × 32. ×
33. √ 34. √ 35. × 36. × 37. √ 38. × 39. √ 40. ×
41. × 42. × 43. √ 44. × 45. × 46. × 47. √ 48. √
49. √ 50. × 51. √ 52. × 53. √ 54. × 55. × 56. √
57. √ 58. × 59. √ 60. ×

职业模块 3
药品销售

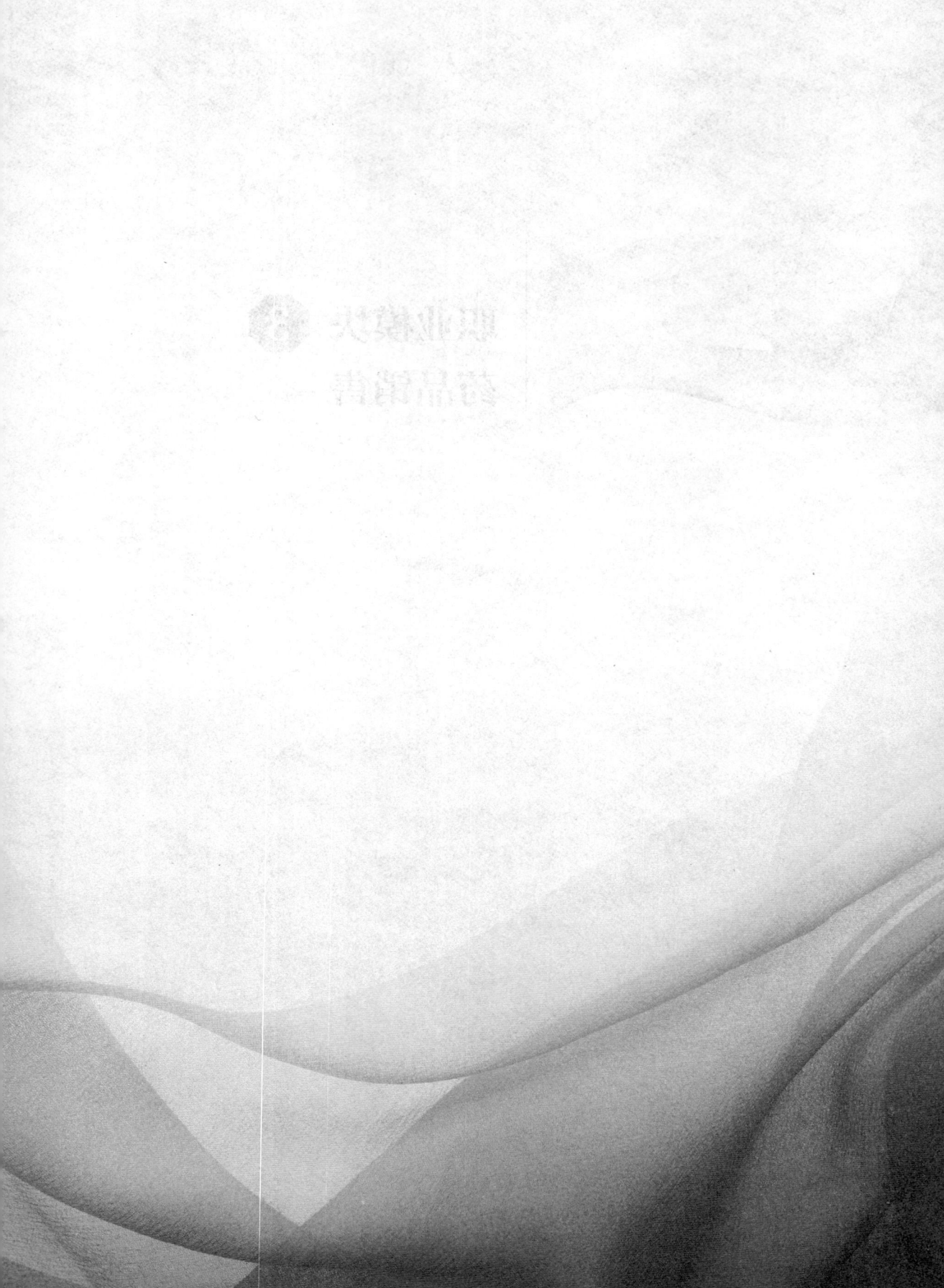

培训课程 1 销售准备

培训目标

1. 掌握销售前环境要求和环境准备;
2. 熟悉销售前物资准备和陈列摆放;
3. 了解人员准备的基本内容。

一、环境要求和环境准备

1. 环境要求

(1) 营业场所应保持宽敞、明亮、干净、整洁,地面、墙面无灰尘。

(2) 营业用货架、柜台应完备、整齐、干净。

(3) 销售柜组药品分类标志要醒目,标识要清楚,悬挂标示牌。

(4) 营业场所应有温、湿度检测和调控设备。

(5) 对温、湿度有要求的药品,应符合《药品经营质量管理规范》(GSP)要求:常温库(区)温度应当在 10~30 ℃,阴凉库(区)温度应不超过 20 ℃,冷库温度在 2~10 ℃,环境相对湿度应当在 35%~75%。

(6) 器具应齐全。器具应按西药和中药饮片两个系列准备:

1) 西药销售应配备:药勺、乳钵、上皿天平、量杯、玻璃棒、毒药天平等。

2) 中药饮片销售应配备:调配台、预分装台、捣筒、乳钵、铁研船、药筛、托盘天平、戥称、包装纸(袋)、发药牌等;中药饮片要有"质量复核"记录,检查是否存在错斗、串斗现象。

2. 环境准备

(1) 营业场所应保持空气清新,无刺激性气味,无噪声、杂音等。

（2）清洁工具应放至顾客看不到的不显眼处，无杂物、无垃圾。

（3）为方便顾客，提供休息桌椅、婴幼儿休息床、小件寄存处等。

（4）适当播放轻柔音乐，以缓解焦急、急躁情绪。

二、物资准备

1. 药品准备充足，器具摆放整齐

按剂型、用途以及储存要求分类陈列，并设置醒目标志，类别标签字迹清晰、放置合理、定位准确。

2. 药品分类合理，陈列符合要求

如药品与非药品、内服药与外用药分开存放，易串味药品（如十滴水、清凉油、某些膏药等含有挥发性成分的药品）与一般药品分开陈列，并设专用标示牌。

3. 不同类药品要有明显的专用标识

处方药与非处方药分柜摆放，处方药不得采用开架自选的方式陈列和销售。

4. 特殊管理的药品按照规定存放

如第二类精神药品、毒性中药品种和罂粟壳不得开架陈列。

5. 拆零销售的药品集中存放于拆零专柜或专区

拆零药品集中存放于拆零专柜，保留原包装的标签，要有记录，如土霉素、四环素、肠虫清、两片包装的安乃近等。在实际操作过程中，医药商品购销员应当指导患者查看说明书、应用禁忌等。

6. 中药饮片柜斗谱的书写应当正名正字

装斗前应当复核，防止错斗、串斗；应当定期清斗，防止饮片生虫、发霉、变质，不同批号的饮片装斗前应当清斗并记录。

7. 冷藏品放置在冷藏设备中

按规定对温度进行监测和记录，并保证存放温度符合《药品经营质量管理规范》（GSP）要求。

8. 药品拆零销售使用的工具和包装袋清洁卫生

如药匙、药刀、瓷盘、拆零药袋、医用手套等。药品拆零的包装药袋应当标明规定的内容。

三、人员准备

1. 人员的业务准备

(1) 熟悉疾病相关知识,如常见的病理、表现、药物作用原理、联合用药搭配用药知识、食疗、理疗按摩保健知识等。

(2) 熟悉所辖药品的名称、陈列位置、规格、用途、价格、保质期限、库存位置等。

(3) 做好卖场设计、产品陈列和POP维护工作,保护产品的整洁与标准化陈列。

(4) 搞好货架与责任区卫生,及时清理纸屑、杂物等,保证卖场整洁。

(5) 及时补充已售出的药品,发现变质、破包、过期药品应立即将其撤下货架,并报告处理。对于临近过期产品,根据有关规定及时报告店长、经理或有关分管人员。

2. 人员的登记

为保证药品经营质量,保障用药安全,根据《药品经营质量管理规范》(GSP)要求,从事药品批发、零售、零售连锁的人员应具备以下条件:

(1) 人员档案应齐全。

(2) 个人档案内容应有:姓名、性别、岗位、学历、专业、专业技术职称、执业资格、岗位工作年限、健康、培训、工作经历和工作能力证明材料等。

(3) 人员花名册内容应与人员档案相应内容保持一致。

(4) 人员资质应与其岗位相称。

(5) 人员资质应符合现行GSP规范及有关法律法规、政策文件的要求。

(6) 企业在录用人员时需填写药品从业人员基本情况登记表(表3-1)并存档。

表3-1 药品从业人员基本情况登记表

姓名		性别		籍贯		
身份证号				最高学历		照片
毕业学校及专业						
执业资格或职称				岗位		

续表

主要工作简历	起止年月	在何地、何单位从事何岗位工作
何时何地何方式取得何职称		

本人自　　　年起从事药品经营质量管理工作,至今已有　　　年的工作经验,情况属实。

本人承诺:
1. 本人对以上填写内容及提供的材料的真实性、可靠性和完整性负责;
2. 本人将严格按照《中华人民共和国药品管理法》等法律、法规和规章行事;
3. 本人在该单位任质量负责人、质量管理员、处方审核员期间不在其他单位兼职;
4. 本人无《中华人民共和国药品管理法》第七十六条、第八十三条规定的情形;
5. 本人对以上的声明和承诺负法律责任。

本人签名:　　　　年　　月　　日

招用单位意见		当地药监部门审核意见	

培训课程 2

销售实施

培训目标

1. 掌握药品销售的具体内容，能够准确地促成交易并收款送客；
2. 熟悉票据的种类，能够正确填制票据；
3. 了解销售结算工作内容。

一、药品销售

1. 顾客购买的心理变化

顾客在购物之前一般要经历一系列的心理变化，即"注意→兴趣→联想→欲望→比较→决定→行动→满足"。医药商品购销员应掌握顾客购买心理变化规律，这对于进行药品销售具有重要的指导作用。

（1）**注意**。如果医药商品购销员能引导顾客对产品产生注意，就意味着成功的开始。

（2）**兴趣**。顾客的兴趣来源于两个方面：药品（品牌、广告、促销、POP等）和服务（店员的服务使顾客愉悦）。在宣传手段和服务项目上下功夫，进一步激发顾客的兴趣。

（3）**联想**。当顾客对某一药品感兴趣时，会进一步联想该药品能给自己带来哪些益处，对自己会有什么帮助，能解决哪些问题。联想决定着顾客是否需要、是否喜欢，因此，这一步对顾客是否购买影响很大。

（4）**欲望**。顾客若将其联想延伸，就会产生购买的欲望。即当顾客询问某种药品并仔细端详时，就已经表明他对某种药品感兴趣，有购买的欲望了。当然，顾客还会产生各种疑虑，如这对我来说是最好的吗？还有没有更好的呢？

（5）比较。顾客将该药品与曾经看到过或了解过的同类药品在品牌、款式、性能、价格、质量等方面进行比较分析，以便进一步选择。也许有些顾客这时会拿不定主意，医药商品购销员就要适时向顾客提供一些有价值的建议，帮助顾客进行比较。

（6）决定。在进行了各种比较和权衡之后，大部分顾客会产生是否购买的决定。影响决定的因素有医药商品购销员的专业素质和服务水平、卖场信誉以及企业形象（企业的品牌和信誉等）。

（7）行动。行动是使潜在购买欲望变成现实购买行为的过程。这一过程决定着销售的成败，医药商品购销员应该掌握时机，帮助顾客打消疑虑，下定决心购买。

（8）满足。满足就是使顾客在购物之后产生满足感。一般来说，购物的满足感有两项：一是为买到好药品而感到满足。二是为医药商品购销员的热情、周到、专业服务而感到满足。当顾客带着满足感走出卖场时，顾客的满足度是其以后能否成为"回头客"的主要因素。

2. 药品销售的过程

（1）**迎接顾客**。迎接顾客是医药商品购销员进行药品销售的第一步，如果处理得好，会给顾客留下一个好的第一印象，对进一步了解顾客需求，促进药品销售有很大的帮助作用。否则，不仅起不到欢迎顾客的效果，还会把顾客"赶跑"。因此，迎接顾客要遵循以下原则。

1)"欢迎光临"原则。一句面带微笑的"欢迎光临"是欢迎顾客最好的表达方式。

2)"微笑服务"原则。每个人都希望受到别人的欢迎和尊重。因此，在顾客走进卖场时，就要以职业的微笑向顾客致意和打招呼，这是迎接顾客最基本的要求。

3)"热情适度"原则。大多数顾客购物时，都希望当他需要介绍商品或需要帮助时，医药商品购销员能够及时出现并给予帮助；而在不需要帮助的时候，大多数顾客并不希望那些寸步不离、喋喋不休"过分热情"的医药商品购销员。"过分热情"反而会让顾客反感，会因感觉有一种"被跟踪"的无形压力而"逃之夭夭"。

（2）**接近顾客**。迎接顾客之后，接下来的任务就是寻找最佳时机接近顾客，此时医药商品购销员要与顾客保持恰当的距离，既用目光跟随顾客、观察顾客，又不能让顾客有"被跟踪"的感觉。当顾客有求助的意向时，就要有礼貌地立即上前接待顾客，求助的意向一般表现为：

1）当顾客主动向你示意时，说明顾客需要你的帮助或介绍产品。

2）当顾客反复看着某种药品时，他想对该种药品有更多的了解。

3）当顾客翻找标签和价格时，说明顾客有备而来，已对该种药品产生兴趣。

4）当顾客看着药品又抬起头张望时，说明顾客在寻求医药商品购销员的帮助。

5）当顾客不断更换手中的药品时，说明顾客在寻求帮助，希望医药商品购销员推荐某种适用的药品。

6）当顾客与医药商品购销员的眼神相碰撞时，说明顾客有想和你交流的意向。

7）当顾客向你走近，说明有想询问或需要帮助的意向。

8）当顾客拿着商品走近你的时候，说明顾客选到了自己感兴趣的东西。这时要主动打招呼并接待顾客，这是接近顾客的最佳时机。接近顾客一般有以下几种方式：①提问接近法。即当顾客走进卖场时，抓住顾客的视线和兴趣，以简单的提问方式打开话题，如"您好，有什么可以帮助您的吗"。②介绍接近法。即店员看到顾客对某件产品有兴趣时直接介绍产品。③赞美接近法。即以"赞美"的方式对顾客的外表、气质、饰物等进行赞美。④示范接近法。即利用示范展示药品的功效来帮助顾客了解药品、认识药品。

（3）**询问顾客**。询问是获取顾客需求的有效途径之一。但是，如果询问不当，顾客就会产生抗拒感而不情愿坦诚相告，所以，只有掌握询问技巧和询问方法，才能收到预期的效果。

1）询问的几个技巧。营业员要掌握以下几个方面的询问技巧：①探寻顾客真正的需求。店员在询问时要先设好提问点，以便从顾客的回答中找到顾客的需求。②询问顾客关心的事。在接待顾客时要重视顾客的一切，包括其同伴、小孩、宠物、服饰，只有询问与其密切相关的问题，才能引起他的注意。③不要单方面地一味询问。缺乏经验的医药商品购销员往往会过多地询问顾客一些不太重要的问题或者接连不断地提问题，使顾客有"被调查"的感觉，从而使顾客因反感而不肯说话。④询问要与药品提示交替进行。医药商品购销员用这种方式一点点深入探寻，就有利于掌握顾客的真正需求。⑤询问要循序渐进。医药商品购销员可以从比较简单的问题着手，如"您买给谁服用"等，然后通过顾客的表情和回答来判断，逐渐从一般性问题缩小范围到核心问题。

2）询问的常用方法。医药商品购销员要掌握以下几种询问的方法：①状况式询问：为了解对方目前状况而做出的询问。例如，"您现在身体情况如何？"

②暗示性询问：通过某种暗示或提示引发的询问，达到销售询问的目的。③选择式询问：这是引导顾客思维的最好方法，其答案基本设定在问题里，顾客只能选择其中之一。例如，"这种产品效果不错，您要一盒还是两盒"等。④"漏斗式"询问：即询问面采用由宽到窄的方式，直至探寻到顾客的需求。

3）询问的注意问题。医药商品购销员向顾客询问时应注意以下几个方面的问题：①避免个人隐私话题。②在顾客没有说话时或说话间隙询问。③注意询问的语速。④注意顾客当时的心情。⑤询问后要给顾客足够的时间回答，同时尽量保持问题的连续性，照顾问题之间的逻辑关系。

（4）**用心倾听**。询问顾客后要用心倾听，让顾客尽情表达，畅所欲言，不论是赞同、异议，还是说明、抱怨，甚至是驳斥或责备，优秀的医药商品购销员都可以从中了解到顾客的心声和需求。顾客愿意去尊重那些能认真听取自己诉求的人，并且信任和愿意购买这些人推荐的商品。

1）用心倾听的三个原则：①耐心。不要打断顾客的话，要学会克制自己，让顾客将话说完，而不是自己大肆发表意见。②专心。诚恳专注地倾听，要用双眼真诚地凝视对方的眼睛，目光保持距离，顺便观察其面部表情和声调的变化。③换心。站在对方的立场上倾听，从对方角度想问题，更容易接受对方意见。

2）提升倾听能力需要注意的事项：①永远不要打断顾客的谈话，尤其不要有意识地打断对方兴致正浓的谈论。②听清楚对方的谈话重点，排除对方说话方式给你的干扰。③适时地表达自己的意见，以便让对方感觉到你始终都在认真倾听。④用心去寻找对方谈话的价值，并加以积极的肯定和赞美。⑤配合表情和恰当的肢体语言。⑥避免虚假的反应。

（5）**巧妙回答**。优秀的医药商品购销员不仅要用心倾听，还要巧妙地回答顾客询问的问题。优秀的医药商品购销员除了有一定的知识储备和心理准备外，还必须掌握一些回答技巧：①按询问人的心理假设回答。问答过程里有两种不同的心理假设，即询问人心理和答话人心理。医药商品购销员在回答时，应该依照顾客心理假设回答，不是按自己的心理假设回答。②避免循环回答。有时顾客会采用连环形式发问，会使医药商品购销员失去回答方向，此时比较好的回答方法就是简单明了地回答提出的问题，避开继续追问的话题和重复话语，防止顾此失彼，影响销售。③避免绝对回答。医药商品购销员可回答顾客询问的某些主要问题，避免对询问的某些次要问题做滔滔不绝的回答，更不能做出绝对肯定或否定的回答，这样不仅不利于交流，更不利于销售。

（6）把握销售要点。一个顾客的需求往往是多方面的，但其中必有一些需求是主要的，我们将这些主要的需求称为"销售要点"。能否满足顾客的销售要点，是决定顾客能否购买的重要因素。医药商品购销员只有把握好销售要点，并有的放矢地向顾客推荐具有"销售要点"的药品时，才有利于交易的实现。因此，在作销售要点说明时，应该做到以下几点：

1）了解顾客购买的药品是由何人、何处、何时使用的。

2）说明"销售要点"时要做到言辞简短，能形象、具体地描述药品的特性。

3）按顾客的询问进行"销售要点"说明，并根据病症有针对性地向顾客做出用法用量、注意事项等说明。

（7）识别购买信号。顾客在决定购买时，通常会释放出一些购买信号，正确识别顾客的购买信号，是将顾客购买意向转化为购买行为的最好时机。这些购买信号通常表现为语言购买信号、行为购买信号、表情购买信号。

1）语言购买信号。通常会表现为以下形式：①这种药品的销售情况怎么样？②多少钱？③可以只买一瓶吗（一个疗程需要 × 瓶才有效果）？④现在购买有活动吗？⑤如果没有效果，可以退货吗？⑥还有更详细的资料吗？⑦我想问一下家人的意见。⑧我想看一下加入会员的要求？⑨我一起买的 ×× 牌药品真是太浪费了！⑩听起来还是可……

2）行为购买信号。顾客在成交前常表现出的行为购买信号有：①拿起药品认真地观察或阅读包装上的说明。②重新回来观看同一种药品或同时索取几个相同药品来比较、挑选。③表示愿意先试药品。④开始注意或感兴趣，比如反复翻看价格单，翻阅药品说明和有关资料。⑤不断地观察和盘算或若有所思，不再发问。⑥离开后又再回来，或者向旁边的人问"你看怎么样"。⑦突然变得轻松起来，态度友好。⑧突然放开交叉抱在胸前的手（双手交叉抱在胸前表示否定；当把它们放下时，一般表示障碍消除）。

3）表情购买信号。表情购买信号通常表现得惟妙惟肖，这就要求医药商品购销员反应敏捷、善于观察，及时抓住这些稍纵即逝的信号。以下是一些顾客成交前的表情购买信号：①眼睛转动由慢变快，眼睛发光，神采奕奕。②脸部表情明朗轻松，面露兴奋神情，腮部放松，盯着药品思考。③情感由冷漠、怀疑、深沉变为自然、大方、随和、亲切、活泼、友好。④顾客紧锁的双眉分开，眼角舒展，面部露出友善及自然的微笑。⑤顾客身体微向前倾，并频频点头，表现出有兴趣的样子。

（8）**促进成交**。当顾客对药品比较满意时，就会采取购买行动。但也有顾客在这时还会有一些疑虑，这就需要医药商品购销员做进一步的耐心说明并给予周到的服务，使顾客对医药商品购销员产生信任，促进成交。这一过程切忌：急于求成，使用粗暴、生硬的语言去催促顾客。如"怎么样，您到底买还是不买？""您还磨蹭什么？没看我这儿顾客多忙着吗？"这样做会使顾客放弃购买。

成交时机的出现，一般表现为以下几种情况：①顾客不断点头、发问变少时；②顾客的话题集中在某个药品上时；③顾客的询问主要集中在药品的用法、用量、注意事项时；④顾客开始注意药品价格时；⑤顾客开始询问购买数量时；⑥顾客关心售后服务问题时；⑦顾客不断反复地问同一个问题时；⑧顾客不讲话、若有所思时等。

（9）**开票收款**。顾客决定购买后，医药商品购销员须开具"销货传票"（一式三联），并协助引导顾客办理交款。

1）开票。医药商品购销员开具"销货传票"（一式三联）：第一联顾客交款、柜组发货后收回留存，用于柜组结账；第二联交顾客留存，做购货凭证；第三联交顾客，用作顾客交款凭证，收款台收款后留存，用于会计记账。"销货传票"要求依次填写：商品编号、品名、数量、单位、单价、金额、合计金额。"销货传票"示例见表3-2。

表3-2　销货传票
××××医药销售公司

柜组：　　　　　　销货传票（一式三联）　　　年　月　日　№：

商品编号	品名	数量	单位	单价	金额
合计金额（大写）					

收银员：　　　　　　　　　　　　　　　　　　　　　　　　　营业员：

2）收款。顾客持"销货传票"（一式三联）到收款处交款，收款员在收到"销货传票"收款时，应当唱收唱付，清楚准确，以免差错。收款完毕后，收款员在"销货传票"（一式三联）上均盖"款已收讫"章。收款处自留第三联，用于会计记账，其余两联交顾客。顾客凭第一联取货，柜组发货后留存第一联，做柜组结账用；顾客留存第二联，做购货凭证，但不能用作报销凭证，顾客需要报销凭证时,需另开"发票"作为报销凭证。

(10)**包装**。收款结束后,接下来的发货包装要做到以下三点:

1)包装之前要核对药品品种和数量,避免差错;

2)包装过程要符合规范,快捷稳妥;

3)包装要做到牢固、安全、整齐、美观。

(11)**送客**。包装完毕后,医药商品购销员应将药品双手递给顾客,并向顾客道谢。另外,及时"温馨提示"顾客注意避免落下物品。

(12)**整理柜台和环境**。顾客离开后,及时将顾客挑剩下的药品放回原陈列柜内,顺便整理一下陈列的药品,将其码放整齐。如有顾客试用设备,要及时将其恢复至初始状态。如有杂物垃圾,要将柜台擦干净,准备接待下一个顾客。

二、票据填制

医药企业销售药品,应当根据《药品管理法》《药品经营质量管理规范》(GSP)等相关法律、法规填制票据,保证药品销售和质量管理工作的规范性及可追溯性。

填制票据应由监督管理部门统一审定、印制、下发。使用部门按照票据的管理职责,分别对管辖工作范围内票据的使用、保存进行管理,杜绝违规、违法使用票据的行为。对不符合要求的情况应提出改进意见,对违规违纪行为要追责、问责,直至追究刑事责任。

1. 票据的分类

医药企业购销票据主要分购进票据、销售票据和发货传递票据等。各类票据均由各岗位人员负责填写,各部门主管人员按期限收集、整理,并按规定归档、保管。质管部、采购部、销售部负责对记录和票据的日常检查,做到票、账、货、款一致。

(1)**购进票据**。购进票据是指购进药品时由供货单位出具的发票或随货同行清单等凭证。购进药品应有合法票据,药品批发企业购进药品应向供货方索要增值税专用发票或者增值税普通发票(以下简称税票)。所购药品到货验收时,应依据税票所列内容,对照供货方销售出库单进行验收,并建立购进药品验收记录,应做到票、账、货相符。对税票不符合国家有关规定或者票、货之间内容不相符的,不得验收入库;药品零售企业购进药品必须验明税票,并对供货方销售出库单与实际购进药品的品种、数量等内容逐一核对,核对一致后方可将合格药品入库或上架销售。

（2）销售票据。销售票据是指销售药品时开据的发票或销售清单以及客户接受药品时签收并保存的送货凭证。购销部制单员确认客户的要货计划合同后，打印出"药品销售随货同行单"（见图3-1），做到票、账、货相符，同时开具"增值税专用发票"或者"增值税普通发票"。税票应列明销售药品的名称、规格、单位、数量、金额等，如果不能全部列明所购进药品的上述详细内容，应附"销售货物或者提供应税劳务清单"，并加盖企业财务专用章或发票专用章和注明税票号码。所销售药品还应附销售出库单，包括通用名称、剂型、规格、批号、有效期、生产厂商、购货单位、出库数量、销售日期、出库日期和销售金额等内容。税票（包括销售清单，下同）与销售出库单的相关内容应一致，金额应相符。

×××公司销售随货同行单　　仓库：西药库

单位：×××　　　　日期：2020-09-15 07:52:45 挂账　　编号：×××

商品全称	生产厂商	单位	数量	规格	剂型	批号	有效期至	单价	金额	批准文号	质量
@利巴韦林颗粒（	中国药科大学制药有	盒	11	50mg*20d	颗粒剂	140319	2022-03	2.20	24.20	国药准字H2004	合格
盐酸二氧丙嗪片	丹东医创药业有限责	瓶	11	5mg*100片	片剂	140102	2022-12	1.90	20.90	国药准字H2102	合格
氯芬黄敏片（双汇	华懋双汇实业（集团	盒	20	30s	片剂	140707	2022-06	1.70	34.00	国药准字H4102	合格
本页小计	¥79.10										
合　计	金额大写：壹佰玖拾贰元整						总计：192.00				

业务员：×××　　发货人：　　复核人：　　操作员：×××　　提货人：　　第1页 共2页
无质量问题概不退货　　第1次打印　　　　　业务电话：×××××××××

图3-1　药品销售随货同行单

（3）发货传递票据。发货传递票据是指在发送销售药品过程中，对发送过程形成的所有传递票据，如药品入库验收单、药品出库单、药品销售随货同行单等。发货传递票据也是按照发送药品的信息流、物流的流转过程，对仓储、复核、发货、运输、客户签收等各环节责任的有效确认。

1）药品入库验收单。对检查验收符合规定的药品，验收员打印"商品验收单"（一式三联）：①白色联为药品购进记录；②红色联为药品验收记录；③黄色联为入库通知单，送储运部保管员作入库凭证，药品放入合格品库（区）。黄色联入库通知单应当至少保存5年。药品入库验收单示例见表3-3。

表 3-3　药品入库验收单

购进日期	供货单位	品名	剂型	规格	单位	数量	单价	金额	生产企业	产品批号	有效期	业务经办人

2）药品出库单。药品出库复核时，应按购销部制单员打出的《商品销售单》，对实物进行质量检查和数量等项目的核对。二类精神药品及蛋白同化制剂、肽类激素等药品应双人发货、双人复核。"药品销售单"黄色联作为完整的出库复核记录。商品出库复核记录作为统一发货时再次清点数量的记录。经复核的账、货各项信息均合格后，应在商品出库复核记录相应位置画"√"，商品出库复核记录应至少保存 5 年。出库单示例见表 3-4。

表 3-4　药品出库单

　　　　　　　　　　　　　　　　　　　　　　　　　　　　　　年　　月　　日

商品编号	品名	单位	单价	数量	规格	金额	产地
合计人民币（大写）							

收款员：　　　　　　　　　　　　　　　　　　　　　　医药商品购销员：

3）销售退货单。仓库保管员凭购销部开具的"药品销售退货单"收货，药品销售退货单示例见表 3-5。"药品销售退货单"白色联为药品验收记录，红色联为客户联，绿色联为财会记账联，黄色联为入库通知单。验收合格的药品送储运部保管员处作进仓处理。

表 3-5　药品销售退货单（一式四联）

年　　月　　日

品名	单位	单价	数量	金额	备注
合计人民币（大写）					

收款员：　　　　　　　　　　　　　　　　　　　医药商品购销员：

仓库保管员将销后退回的药品存放于退货区，并交由专人保管，做好退货记录，通知质量验收员，按购进药品进行质量检查验收，如实地登记销售退回药品验收记录。

2. 票据填写要求

票据和结算凭证，是记载经济业务和明确经济责任的一种书面证书，也是银行、单位和个人办理结算和记载账务的会计凭证。票据和结算凭证直接关系结算的准确性、及时性和安全性。因此，填写票据和结算凭证，必须做到标准化、规范化、项目齐全、数字正确、字迹清晰、不错漏、不潦草、严禁涂改。

（1）中文大写金额数字应用正楷或行书填写，如壹、贰、叁、肆、伍、陆、柒、捌、玖、拾、佰、仟、万、亿、元、角、分、零、整（正）等字样。不得用一、二（两）、三、四、五、六、七、八、九、十、毛、另（或0）填写，不得自造简化字。如果金额数字书写中使用繁体字，如億、萬、陸、貳、圓等，也应受理。

（2）中文大写金额数字到"元"为止的，在"元"之后应写"整"（或"正"）字，在"角"之后可以不写"整"（或"正"）字。大写金额数字有"分"的，"分"后面不写"整"（或"正"）字。

（3）中文大写金额数字前应标明"人民币"字样，大写金额数字应紧接"人民币"字样填写，不得留有空白。大写金额数字前未印"人民币"字样的，应加填"人民币"三字。

（4）金额中如用到阿拉伯数字"0"时，中文大写应按照汉语语言规律、金额数字构成和防止涂改的要求进行书写。举例如下：

1）阿拉伯数字中间有"0"时，中文大写金额要写"零"字。如￥1 409.50，应写成：人民币壹仟肆佰零玖元伍角。

2）阿拉伯数字中间连续几个"0"时，中文大写金额中间可以只写一个"零"字。如￥6 007.14应写成：人民币陆仟零柒元壹角肆分。

3）阿拉伯金额数字万位或元位是"0"，或者数字中间连续有几个"0"，万位、元位也是"0"，但千位、角位不是"0"时，中文大写金额中可以只写一个"零"字，也可以不写"零"字。如￥1 680.32，应写成：人民币壹仟陆佰捌拾元零叁角贰分，或者写成：人民币壹仟陆佰捌拾元叁角贰分；又如￥107 000.53，应写成：人民币壹拾万柒仟元零伍角叁分，或者写成：人民币壹拾万零柒仟元伍角叁分。

4）阿拉伯金额数字角位是"0"，而分位不是"0"时，中文大写金额"元"后面应写"零"字。如￥16 409.02，应写成：人民币壹万陆仟肆佰零玖元零贰分；又如￥325.04，应写成：人民币叁佰贰拾伍元零肆分。

5）阿拉伯小写金额数字前面，均应填写人民币符号"￥"。阿拉伯小写金额数字要认真填写，不得连写，以免分辨不清。

6）票据的出票日期必须使用中文大写。为防止变造票据的出票日期，在填写月、日时，月为壹、贰和壹拾的，日为壹至玖和壹拾、贰拾和叁拾的，应在其前加"零"；日为拾壹至拾玖的，应在其前面加"壹"。如1月15日，应写成：零壹月壹拾伍日；再如10月20日，应写成：零壹拾月零贰拾日。

7）票据出票日期使用小写填写的，银行不予受理。大写日期未按要求规范填写的，银行可予受理，但由此造成损失的，由出票人自行承担。

三、销售结算

销售结算主要是对每天或每月商品的增加、减少、结存和金额收入、支出、结存的动态管理。编制药品进销存日报表是医药商品购销员销售结算的一项基础工作。

1. 药品进销存日报表的概念

药品进销存日报表是根据当日销售小票、进货单、退换货凭证与前一日进销存报表汇总而成的，示例见表3-6。

表 3-6 药品进销存日报表

年　　月　　日

通用名称	商品名称	规格	生产日期	剂型	生产企业	购货企业	有效期至	批准文号	生产批号	昨日结存	今日进货	退货或调出	今日销货	今日结存	进货累计	销货累计

项目	昨日结存	增加金额	减少金额	今日结存	传票编号

2. 药品进销存日报表的作用

药品进销存日报表是医药商品购销员每日销售活动的当日小结，其作用如下：

（1）有利于实现对企业业务过程、经营情况、质量控制等方面情况的快捷方便的统计查询。

（2）用于管理人员及时掌握药店库存、经营情况，以便完成日常的管理。

（3）有利于主管人员及时掌握畅销药品、滞销药品和普通药品的销售情况，辅助管理人员进行经营决策。

（4）为主管人员了解各项进、销、存的信息和各种统计数据提供有利平台，同时掌握医药商品购销员在销售过程中的效益和质量，并及时指导有关工作。

（5）有利于医药商品购销员通过日报表自我评价自己的销售工作、分析总结经验。

（6）药品进销存日报表是销售效益分析和销售统计的原始资料，能清楚地反映不同阶段的销售状况。

3. 填写进销存日报表的要求

（1）收集相关的资料数据。如当日销售小票、购进记录表、退货清单等。

（2）根据相关资料填写报表，要做到字迹清楚、数据准确，并将进销存记录存入计算机统计报表。

（3）报表填写完毕后，应当立即分析当天的销售情况，并根据进销存报表给药品分类，以实现药品在公司内按市场需求进行动态地储存管理。

（4）药品购进部门档案管理人员负责将药品进、销、存的有关资料存档。

培训课程 3

销售记录与售后管理

培训目标

1. 掌握药品销售记录的分类和填写方式；
2. 熟悉售后管理和顾客投诉管理流程；
3. 了解药品不良反应监测和药品召回。

一、药品销售记录

建立健全药品销售记录和销售凭证管理制度，以保障药品经营的规范性和药品质量的可追溯性，即保证药品销售流向真实、合法，便于执法。当出现药品质量问题时，药监部门可根据销售记录召回药品，也可根据购进记录或者销售凭证找到上游企业，确定药品质量责任。此外，药监部门在日常检查中，可从未建立或建立虚假记录的单位入手，掌握动态信息，及时做出反应，以减少药品安全隐患。

1. 销售记录的要求

销售记录是指质量管理体系运行中涉及的各种记录，其应当符合以下要求：

（1）销售记录格式由质量管理部门统一编制，内容由各岗位人员如实填写；

（2）销售记录要做到字迹清楚、内容完整，不得用铅笔填写；

（3）销售记录不得撕毁或涂改，需要更改时应在原记录处画线后并在其旁边填写，然后在更改处盖本人名章或签字；

（4）销售记录具有真实性、规范性和可追溯性，应妥善保管，防止损坏、丢失；

（5）实行计算机录入数据的质量记录，手工填写签名，以明确责任。

2. 销售记录分类

药品销售记录，可根据药品的不同类别进行管理：

（1）药品购进记录。药品购进记录应标明药品的序号、通用名称、剂型、规格、生产厂商、供货单位、数量、价格、购货日期、批号、有效期、批准文号等内容。药品购进记录表示例见表3-7。购进记录应当至少保存5年，并由购销部整理保存。

表3-7 药品购进记录

序号	药品通用名称	剂型	规格	生产厂商	供货单位	数量	价格	购货日期	批号	有效期	批准文号

（2）药品验收记录。质量验收员对待验区的购进药品逐一检查验收，并核对采购计划及供应商开具的税票，建立质量验收记录。验收记录应标明药品通用名称、剂型、规格、批准文号、批号、生产企业、数量、质量情况、验收结论和验收员签名等内容。质量验收记录由质管部整理并保存，药品验收记录表示例见表3-8。二类精神药品及蛋白同化制剂、肽类激素等药品应双人验收。质量验收记录应当至少保存5年。

表3-8 药品验收记录表

年月日	来货单位	通用品名	剂型	规格	生产企业	单位	数量	单价	金额（元）	批准文号	批号	有效期	注册商标	包装情况	质量情况	验收结论	验收员签名	付款日期	凭证号码	发票号码

（3）药品陈列检查记录。药品零售部门需要做好药品陈列检查记录，做到边检查边整改，发现问题及时处理。药品陈列检查记录示例见表3-9。

表 3-9　零售药店药品陈列检查记录

××××店药品陈列检查记录　　　　　　　　日期：　　　　　填表人：

药品类别	品种数量	外观包装	质量状况	处理结果	备注
处方药区					
非处方药区					
拆零柜					
冷藏柜					
中药饮片					

重点养护品种（近效期、拆零、冷藏药品）检查记录	药品名称	规格	生产企业	批号	有效期至	数量	外观包装	质量状况	处理结果

（4）**药品销售记录**。药品销售记录应记载药品的通用名称、剂型、规格、批号、有效期、生产企业、购货单位、销售数量、销售日期、金额合计等项内容。药品销售记录示例见表 3-10，其应由购销部整理并应当至少保存 5 年。

表 3-10　药品销售记录

类别：处方药　　　　　　　　编号：　　　　　　　　业务员：

销售日期	通用名称	商品名称	剂型	规格	批号	有效期	销售数量	生产企业	购货单位	单价	金额合计	备注

（5）**拆零销售药品记录**。药品拆零是指零售药店在销售中将最小销售单元拆开以便于销售的过程。拆开的包装已不能完整反映药品的名称、规格、用法、用量、有效期等全部内容，因此，拆零销售药品记录内容应包括药品的通用名称、规格、批号、生产企业、有效期、拆零日期、销售日期、拆零数量、销售数量、分拆人及复核人等。拆零销售药品记录表示例见表 3-11。

表 3-11 拆零销售药品记录表

类别：OTC　　　　　　　　　　　　　　　　　　　　　　　　　　　编号：

药品通用名		商品名		规格		批号		备注
生产企业				单位		有效期		
日期		数量		质量状况	病人信息	病情主述	剩余数量	分拆人	复核人	
拆零日期	销售日期	拆零数量	销售数量							

注：OTC类药品可不填病人信息和病情主述项。

药品拆零应根据药品最小包装单元的情况来决定。例：罗红霉素胶囊的规格为150毫克×6粒×1板，内包装为铝塑泡罩板，外包装为纸盒，内附药品说明书。如以盒为最小包装单元销售，能够完整反映药品的名称、规格、用法、用量、有效期等全部内容，此销售不属拆零范围。如果以瓶、盒、袋为最小包装，却以片、粒、支为单位进行销售时，此种情况下已不能完整反映药品的名称、规格、用法、用量、有效期等全部内容，则必须按药品拆零情况进行管理。

（6）**中药材/中药饮片在库养护记录**。中药材/中药饮片在库养护记录应当包括序号、品名、产地、生产日期、批号、数量、供货单位、进货日期、养护日期、养护方法、养护结论、处理措施等内容，示例见表3-12。

表 3-12 中药材/中药饮片在库养护记录

编号：

序号	品名	产地	生产日期	批号	数量	供货单位	进货日期	养护日期	养护方法	养护结论	处理措施	备注

养护员：

（7）**中药饮片销售记录**。中药饮片销售记录应当包括品名、产地、规格、清斗时间、清斗前斗内剩余数量、装斗时间、装斗数量、装斗批号、质量状况等内容。中药饮片拆零销售记录表示例见表3-13。

表3-13 中药饮片拆零销售记录

编号：　　　　　　　　　　　　　　　　　　　　　　　　　　　　　日期：

品名	产地	规格	清斗时间	清斗前斗内剩余数量	装斗时间	装斗数量	装斗批号	质量状况	备注

装斗人：　　　　　　　复核人：

（8）国家有专门管理要求的药品销售记录。国家有专门管理要求的药品包括蛋白同化制剂、肽类激素、含特殊药品复方制剂。其中，含特殊药品复方制剂包括含麻黄碱的复方制剂、含可待因复方口服溶液、复方甘草片和复方地芬诺酯片。这些药品需要设置专柜、由专人负责并用专账管理，不得开架销售。购买的消费者必须出示身份证明方可购买。

在销售国家有专门管理要求的药品时，药店要及时填写记录，记录内容包括药品名称、规格、销售数量、生产企业、生产批号、购买人姓名、身份证号码及联系电话。

销售含麻黄碱类复方制剂时，应建立单独的销售记录。记录内容包括药品名称、规格、数量、生产企业、批号、购买者、身份证号码及联系电话。将单位剂量麻黄碱类药物含量大于 30 mg 的含麻黄碱类复方制剂，列入必须凭处方销售的处方药管理范围销售，销售时除查验购买者的身份证，还必须凭处方销售。除处方药按处方剂量销售外，其他药品一次销售不得超过2个最小包装。药品销售记录表示例见表3-14。

表3-14 药品销售记录

编号：　　　　　　　　　　　　　　　　　　　　　　　　　　　　　时间：　　年

日期	购买者	身份证号码及联系电话	药品名称	生产企业	规格	批号	数量	处方来源	处方医师

（9）特殊管理药品销售记录。 特殊管理的药品包括麻醉药品、精神药品、医疗用毒性药品、放射性药品4类。麻醉药品和一类精神药品应做到专人负责、专柜加锁、专用账册、专用处方、专册登记，并做好记录。麻醉药品应使用专用处方，处方保存3年备查；精神药品和医疗用毒性药品处方保存2年备查，并做好逐日消耗记录和旧空安瓿等容器的回收记录。

3. 销售记录管理

为规范药品销售行为，保护消费者和药品经营企业的合法权益，《药品经营质量管理规范》提出，企业销售药品应当开具销售凭证。销售凭证要按照《药品流通监督管理办法》第十一条第二款的要求，载明药品名称、生产企业、数量、批号等内容。同时，药品零售企业对所销售药品的上述信息也要留存备份。经营兴奋剂药品的药品零售企业，在做好销售记录的同时，还要做好相关药品的药学咨询服务工作。

药品生产企业的销售记录应保存至药品有效期后1年，未规定有效期的药品销售记录至少保存3年。药品批发企业的销售记录及凭证至少保存5年。疫苗、特殊管理药品按相关规定保存。药品零售企业的记录及相关凭证应当至少保存5年。

二、售后服务

1. 用户访问

为了完善和提高企业的经营服务质量水平，企业应定期或不定期地广泛征求用户对药品质量和服务质量的意见和建议，可采取书面征询、会议座谈、上门调查等方式。每次访问应事先做好充分准备，明确访问目的，拟订调查提纲，组织好访问人员，注重工作效果，并做好访问记录，建立用户访问工作档案。企业对用户反馈的意见和提出的问题必须跟踪了解、研究整改措施。据此也可以了解企业质量管理的薄弱环节，为强化管理提供有效的参考依据。药品质量、服务质量征询意见书如图3-2所示。

2. 药品不良反应监测

药品不良反应（ADR）是指在正常用法、用量情况下，患者使用药品后出现的与用药目的无关或意外的有害反应。药品不良反应监测报告制度是国家加强药品管理，指导合理用药的依据。药品不良反应实行逐级报告制度。因此，药品经营者有责任和义务主动做好该项工作。当有顾客反映使用在药店购买的药品出现药品质量方面的意见：
（包括外观和包装质量，请具体列出品名、规格、数量、批号、厂名、产地、进货日期、具体情况）

工作质量方面的意见：
（包括供应情况、运输问题处理、服务态度等）

建议与要求：

反映日期： 年 月 日　　　　　　　　　　　反映单位（盖章）：

图 3-2　药品质量、服务质量征询意见书

不良反应时，工作人员应认真聆听顾客的叙述，详细询问顾客相关情况，如属药品说明书未标明的不良反应现象等。应将收集的信息填写在"药品不良反应/事件报告表"（见表 3-15）、"药品群体不良事件基本信息表"（见表 3-16）中。

表 3-15　药品不良反应/事件报告表

患者姓名：	性别：男□ 女□	出生日期：年 月 日或年龄：	民族：	体重（kg）：	联系方式：
原患疾病：	医院名称： 病历号/门诊号：	既往药品不良反应/事件：有□　无□　不详□ 家族药品不良反应/事件：有□　无□　不详□			
相关重要信息：吸烟史□　饮酒史□　妊娠期□　肝病史□　肾病史□　过敏史□　其他□					

药品	批准文号	商品名称	通用名称（含剂型）	生产企业	生产批号	用法用量（次剂量、途径、日次数）	用药起止时间	用药原因
怀疑药品								
并用药品								

续表

不良反应/事件名称：		不良反应/事件发生时间： 年 月 日				
不良反应/事件过程描述（包括症状、体征、临床检验等）及处理情况（可附页）：						
不良反应/事件的结果：痊愈□　好转□　未好转□　不详□　有后遗症□　表现： 死亡□　直接死因：　　　　　　　　　　　　　　死亡时间：　年　月　日						
停药或减量后，反应/事件是否消失或减轻？是□　否□　不明□　未停药或未减量□ 再次使用可疑药品后是否再次出现同样反应/事件？是□　否□　不明□　未再使用□						
对原患疾病的影响：不明显□　病程延长□　病情加重□　导致后遗症□　导致死亡□						
关联性 评价	报告人评价：肯定□　很可能□　可能□　可能无关□　待评价□　无法评价□ 签名：					
	报告单位评价：肯定□　很可能□　可能□　可能无关□　待评价□　无法评价□ 签名：					
报告人 信息	联系电话：		职业：医生□　药师□　护士□　其他□			
	电子邮箱：			签名：		
报告单位 信息	单位名称：		联系人：	电话：	报告日期： 　年　月　日	
生产企业请 填写信息来源	医疗机构□　经营企业□　个人□　文献报道□　上市后研究□　其他□					
备注						

表3-16　药品群体不良事件基本信息表

发生地区：			使用单位：		用药人数：	
发生不良事件人数：			严重不良事件人数：		死亡人数：	
首例用药日期：　年　月　日			首例发生日期：　年　月　日			
怀疑 药品	商品名	通用名	生产企业	药品规格	生产批号	批准文号
器械	产品名称		生产企业		生产批号	注册号
	本栏所指器械是与怀疑药品同时使用且可能与群体不良事件相关的注射器、输液器等医疗器械					

续表

不良事件表现：				
群体不良事件过程描述及处理情况（可附页）：				
报告单位意见				
报告人信息	电话：	电子邮箱：		签名：
报告单位信息	报告单位：	联系人：		电话：

报告日期：　　年　　月　　日

3. 药品召回

药品召回是指药品生产企业（包括进口药品的境外制药厂商）按照规定的程序收回已上市销售的、存在安全隐患的药品。药品经营企业有义务协助生产企业或供应商进行药品召回工作。

（1）召回分级。 根据药品安全隐患的严重程度，药品召回分为三级召回。

1）一级召回：使用后可能引起严重健康危害的药品。

2）二级召回：使用后可能引起暂时的或者可逆的健康危害的药品。

3）三级召回：使用后一般不会引起健康危害，但由于其他原因需要收回的药品。

（2）召回工作的开展

1）质量管理部负责公司药品召回的管理工作，销售部协助质量管理部做好须召回药品的销售退回工作，采购部及时联系供货商，协助质量管理部做好已召回药品采购退出工作。

2）在经营过程中，如发现所经营的药品存在安全隐患，应当立即停止销售、采购该药品，通知药品生产企业或者供货商，并向当地药品监督管理部门报告。应当配合药品生产企业或者药品监督管理部门开展有关药品安全隐患的调查，并提供有关资料。

3）按药监部门、药品生产企业的召回要求，协助履行召回义务，按照召回计划的要求及时传达、反馈药品召回信息，控制和收回存在安全隐患的药品。

4）建立和保存完整的药品购销记录，保证销售药品的可溯源性。

4. 顾客投诉

（1）顾客投诉的概念。 顾客投诉是指，当顾客购买药品时对药品本身和企业服务都抱有良好期望值，如果顾客因这些期望值得不到满足而失去心理平衡，并由此产生抱怨并有想"讨个说法"的行为。

（2）顾客投诉的类型

1）对医药商品的投诉

①药品质量问题。药品质量问题往往是顾客产生异议和抱怨最集中的内容，主要有产品过保质期、品质差、包装破损等方面。

②价格过高。当前各个药店出售的药品大多相似，而一部分顾客对药品价格比较敏感，并往往会因为药品的定价较其他药店高而向药店提出投诉。

③药品标识不清。药品包装标识不清往往是顾客购物的障碍，因此也会成为顾客投诉的原因。

④商品缺货。顾客对药店药品缺货的投诉原因，包括热销药品、特价药品缺货或者药店内没有销售顾客想要购买的药品。有些药店在热销药品、特价药品售完后不及时补货，造成了经常性的药品缺货现象，从而致使顾客心怀疑虑并有种被欺骗的感觉。这样做不仅会使顾客流失，还损坏了药店的声誉，给药店造成不好的影响。

2）对服务的投诉。为顾客提供服务时，医药商品购销员缺乏正确的推荐技巧和工作态度都将导致顾客产生不满而投诉。

3）对安全和环境的投诉

①意外事情的发生。即因药店安全管理不当而造成顾客受到意外伤害引起的顾客投诉。

②环境的影响。药店内的音响声音太大，药店内的温度不适宜、地面太滑、照明设备亮度太强或太暗，药店卸货时影响行人的交通，药店的公共卫生状态不佳，药店建筑及设计影响周围居民的正常生活等也会引起投诉。

（3）顾客投诉的意义。顾客的投诉有利于信息的反馈及采取补救措施。作为一名服务人员，我们首先应该欢迎并鼓励顾客在不满意时对我们提出建议。其次，面对顾客的投诉，我们要以最快的速度化解顾客的不满和抱怨，并真诚地为顾客解决问题，积极地采取补救措施，这样才可能挽留顾客，最大限度地避免顾客流失。

顾客的投诉有利于提高药品质量和服务水平。通过了解顾客的投诉，不仅可以从中发现并修正自己的失误，还可以消除更多使顾客遭受损失的潜在风险，不断提升药品服务的质量。多数投诉的顾客是因为药店的药品服务失误给他们造成了某种物质或精神上的损失,所以他们反映的信息通常具有很强的针对性。同时,顾客投诉还可能反映药店药品服务所不能满足的顾客需求,仔细研究这些需求,可以帮助药店开拓新的商机。

(4)顾客投诉的处理原则

1)有章可循的原则。药店应当建立健全相关规章制度,对于顾客投诉的接受、登记、处理、反馈等各个环节都要有明确的责任制度和操作规程,避免相互推诿扯皮,要有专人负责顾客投诉的处理及各部门的协调工作,加强药店内外部的信息交流,确保及时处理顾客投诉。全体员工应不断提高素质,增强业务能力,树立全员服务的意识。

2)职责分明的原则。对于顾客的投诉,不仅要查清造成顾客投诉的责任部门和责任人,还要明确应该由哪个部门、哪个人员来具体负责处理投诉,以及处理不当时所应承担的责任等,确保顾客的投诉能被妥善解决。

3)处理及时的原则。对顾客的投诉应给予高度重视,各部门要通力合作,力争在最短的时间内全面解决问题,给顾客一个满意的答复。避免因拖延处理时间或互相推诿责任而导致进一步激怒投诉顾客,使问题复杂化。

4)建档留存的原则。要详细记录每一起顾客投诉以及处理过程,吸取教训,总结经验,并为以后更好地处理顾客投诉提供参考资料。

(5)顾客投诉的处理方法

1)对因药品质量问题造成的投诉,处理时应该向顾客诚恳道歉,替顾客退货或者换货。若因药品质量问题造成顾客的物质损失、人身损害或精神损失,药店应给予一定的赔偿和安慰,仔细调查发生药品质量的原因,并杜绝该类事故再次发生。

2)对因顾客使用药品不当造成的投诉,处理时因未向顾客交代清楚而造成顾客损失的,药店应该向顾客诚恳道歉;如药品因店方的责任受损,应予以退换货;若顾客不接受退换货,药店应给予赔偿和安慰。医药商品购销员应该掌握相关药品知识,以便在以后的药品销售过程中向顾客做详细的交代。对确因顾客使用药品不当造成损失的,切忌"得理不让人"。

3)对因医药商品购销员服务态度不佳造成的投诉,处理时应该向顾客保证今后一定要加强对医药商品购销员的教育,杜绝类似情形的再度发生。陪同当事人向顾客赔礼道歉,以期获得谅解。加强对医药商品购销员优质服务的教育,并建立相应的监督机制。

模块测试题

一、单项选择题（下列每题的选项中，只有1个是正确的，请将正确的代号填在括号内）

1. 营业场的货架、柜台齐备，药品的分类标识需要醒目并且悬挂（　　）。
   A. 人立牌　　　　B. 标示牌　　　　C. 地滑牌　　　　D. 指向牌

2. 营业场所常温库温度应当控制在（　　）℃。
   A. 10～25　　　　B. 20～30　　　　C. 10～30　　　　D. 20～35

3. 营业场所冷柜温度应控制在（　　）℃。
   A. 0～9　　　　B. 2～10　　　　C. 1～10　　　　D. -1～9

4. 营业场所环境湿度应控制在（　　）。
   A. 35%～75%　　　　　　　　　B. 30%～70%
   C. 25%～75%　　　　　　　　　D. 35%～65%

5. 药品与非药品、（　　）和外用药需要分开存放。
   A. 针剂　　　　B. 医疗器械　　　　C. 内用药　　　　D. 中药

6. 货架上的（　　）不需要立即撤下货架。
   A. 变质药品　　　　　　　　　B. 过期药品
   C. 长期摆放的药品　　　　　　D. 破损、漏液的药品

7. 处方药与非处方药有明显专用标识应当（　　）。
   A. 分开摆放　　　　　　　　　B. 整齐摆放
   C. 分柜摆放　　　　　　　　　D. 按销售量摆放

8. 销售设备不包括（　　）。
   A. 收银机　　　　B. 碎纸机　　　　C. 发票机　　　　D. Pos机

9. 有关人员准备描述错误的是（　　）。
   A. 使顾客产生信任感，举止文明
   B. 能够指导常见疾病用药
   C. 熟悉药品的名称、陈列位置、规格、用途、价格等
   D. 着装整洁，无须戴工牌，发型美观得体，举止文明

10. 作为一名工作人员的不正确心态是（　　）。
    A. 愿意用专业知识为顾客服务，体现自我价值
    B. 微笑待客，熟练使用礼貌用语

C. 认同自己的服务职业性质，不良情绪影响工作

D. 对自己推荐商品的能力有充分信心

11. 下列哪一个选项不属于顾客购买过程中的心理变化（　　）。

   A. 注意　　　　　B. 攀比　　　　　C. 联想　　　　　D. 行动

12. 在销售过程中，掌握好接近顾客的最佳时机有利于销售的顺利进行。分析顾客购买心理，以下哪个阶段是接近顾客的最佳时机（　　）。

   A. 留意阶段　　　B. 兴趣阶段　　　C. 比较阶段　　　D. 欲望阶段

13. 对于（　　）类型顾客，店员开展药品销售相对容易些。

   A. 内向含蓄型　　　　　　　　　B. 冷静思考型

   C. 忠厚老实型　　　　　　　　　D. 圆滑难缠型

14. 通过某种方式将药品的性能、优点、特色展示出来，使顾客对商品有一个直观了解，属于介绍方法中的（　　）。

   A. 例证介绍　　　　　　　　　　B. 工具介绍

   C. 示范介绍　　　　　　　　　　D. 逐项说明介绍

15. 通过荣誉证书、质量认证证书、数据统计资料、广告宣传、报刊报道等并结合具体数字，以具体数字说明这种药品能带给顾客的利益有多大属于（　　）法。

   A. 对比介绍　　　B. 例证介绍　　　C. 示范介绍　　　D. 工具介绍

16. 以下关于顾客异议类型中（　　）是不正确的。

   A. 行动异议　　　B. 金钱异议　　　C. 信用异议　　　D. 利益异议

17. 处理顾客异议的"但是"处理法的优点是（　　）。

   A. 有利于保持良好的人际关系

   B. 可以转移顾客的注意力

   C. 多用"但是"转折，有利于淡化转折意识，促进销售

   D. 属于委婉的先退后进

18. 医药商品购销员用顾客的异议来反问顾客，从而化解异议，此法称为（　　）。

   A. 询问处理法　　B. 直接反驳法　　C. 提前处理法　　D. 立即处理法

19. 在处理顾客异议步骤中最关键的一步是（　　）。

   A. 缓冲　　　　　B. 探寻　　　　　C. 聆听　　　　　D. 答复

20. （　　）不属于收银员应遵循的原则。

   A. 货款合一　　　B. 快速　　　　　C. 唱收唱找　　　D. 压价

21. 以下关于开具销售小票的正确说法是（   ）。

   A. 字迹要清晰端正，数字要准确，经手人不用签字

   B. 各栏目内容要填写齐全，不必要的内容可以选择漏填

   C. 一般一式四联，第二联收款台保存

   D. 第三联由顾客保存，可以作为报销凭证

22. （   ）不属于医药商品购销员应掌握的展示技巧。

   A. 视觉　　　　　B. 听觉　　　　　C. 味觉　　　　　D. 触觉

23. 票据的设计首先由使用部门提出，再报（   ）统一审定、印制、下发。

   A. 质管部　　　　B. 销售部　　　　C. 采购部　　　　D. 仓储部

24. 票据由各部门主管人员每（   ）收集、整理，并按规定归档、保管。

   A. 日　　　　　　B. 月　　　　　　C. 季　　　　　　D. 年

25. 下面关于质量记录说法正确的是（   ）。

   A. 质量记录由质管员填写

   B. 质量记录使用铅笔填写并可直接更改

   C. 质量记录格式由质管部统一编写

   D. 签名部分应为计算机打印，以明确责任

26. 药品验收记录应当至少保存（   ）年。

   A. 1　　　　　　B. 3　　　　　　C. 4　　　　　　D. 5

27. 下列选项中不属于顾客投诉类型的是（   ）。

   A. 对医药商品的投诉　　　　　　B. 对服务的投诉

   C. 对安全和环境的投诉　　　　　D. 对药店信誉的投诉

28. 购进票据应至少保管（   ）年。

   A. 3　　　　　　B. 1　　　　　　C. 5　　　　　　D. 7

29. "销售货物或者提供应税劳务清单"应加盖（   ）。

   A. 公司公章或合同原印章　　　　B. 法人印章

   C. 企业财务专用章　　　　　　　D. 质管部门原印章

30. 票据记录要求不包括（   ）。

   A. 购进记录　　　　　　　　　　B. 养护记录

   C. 验收记录　　　　　　　　　　D. 销售记录

31. 下面说法不正确的是（   ）。

   A. 税票不符合国家有关规定或者票货之间内容不相符的，不得验收入库

B. 商品出库复核记录应保存至超过有效期1年，但不得少于3年

C. 入库通知单应由储运部整理保存

D. 票据的出票日期必须使用中文大写

32. 下列关于发货传递票据叙述中正确的是（　　）。

A. 入库通知单应保存至超过药品有效期一年，但不得少于5年

B. 二类精神药品及蛋白同化制剂肽类激素药品应单人复核

C. "商品销售单"中红色联作为完整的出库复核记录

D. "商品验收单"中红色联作为药品验收记录

33. 药品出库复核时，应由（　　）打印"商品销售单"。

A. 质管部　　　　B. 储运部　　　　C. 销售部　　　　D. 采购部

34. 售后退回药品，应通知（　　）进行检查验收。

A. 保管员　　　　B. 销售员　　　　C. 质量验收员　　D. 养护员

35. 进销存日报表属于（　　）。

A. 销售凭据　　　B. 发票　　　　　C. 两者均是　　　D. 两者均不是

36. 建立药品销售记录和销售凭证的意义重大，可以保证药品质量的（　　）。

A. 真实性　　　　B. 合法性　　　　C. 追溯性　　　　D. 方便性

37. 销售甲类非处方药时，（　　）必须在场并提供用药服务，否则不能销售。

A. 医药商品购销员　B. 收银员　　　　C. 店长　　　　　D. 药师

38. 填写销售记录时，化学药品与中药饮片记录中不同的一项是（　　）。

A. 批号　　　　　B. 产地　　　　　C. 生产商　　　　D. 购货单位

39. 麻醉药品应使用专用处方，处方应当保存（　　）年备查。

A. 1　　　　　　B. 2　　　　　　C. 3　　　　　　D. 4

40. 精神类药品和医疗用毒性药品处方应当保存（　　）年备查。

A. 1　　　　　　B. 2　　　　　　C. 3　　　　　　D. 4

41. 除处方药应当按处方剂量销售外，其他药品一次销售不得超过（　　）个最小包装。

A. 1　　　　　　B. 2　　　　　　C. 3　　　　　　D. 4

42. 药品生产企业的销售记录应当保存至药品有效期后（　　）年。

A. 1　　　　　　B. 3　　　　　　C. 4　　　　　　D. 5

43. 药品批发企业的销售记录及凭证至少保存（　　）年。

A. 1　　　　　　B. 3　　　　　　C. 4　　　　　　D. 5

44. 药品零售企业的销售记录及凭证至少保存（　　）年。
   A. 1　　　　　B. 3　　　　　C. 4　　　　　D. 5

45. 接到客户质量投诉时，（　　）应及时将投诉情况登记在"顾客投诉受理卡"上，并及时处理。
   A. 销售员　　　B. 质管员　　　C. 收银员　　　D. 验收员

46. 对使用后可能引起严重健康危害的某药品应当采用（　　）级召回。
   A. 一　　　　　B. 二　　　　　C. 三　　　　　D. 四

47. 对使用可能引起暂时的或者可逆的健康危害的某药品应当采用（　　）级召回。
   A. 一　　　　　B. 二　　　　　C. 三　　　　　D. 四

48. 当药品出现质量问题被召回时，（　　）不参与其中的工作。
   A. 质量管理部　B. 销售部　　　C. 采购部　　　D. 仓储部

49. 对于存在安全隐患的药品，下列说法正确的有（　　）。
   A. 药品生产企业决定召回后，应在规定时间内通知药品经营企业、使用单位停止销售和使用该药品
   B. 药品生产企业应当协助药品经营企业履行召回该药品的义务
   C. 药品使用单位应向卫生行政部门报告，等待停止使用该药品的通知
   D. 药品监督管理部门对该药品安全隐患开展调查时，该药品生产企业应当回避

50. （　　）不属于药品生产企业应当采取的行动。
   A. 对召回药品的处理应当有详细的记录，并向药品不良反应监测中心报告
   B. 建立和完善药品召回制度，收集药品安全相关信息
   C. 对可能具有安全隐患的药品进行调查、评估，召回存在安全隐患的药品
   D. 建立和保存完整的购销记录，保证销售药品的可溯源性

二、判断题（下列判断正确的请打"√"，错误的请打"×"）

1. 甲类非处方药品的专有标识图案为椭圆形红底白字。（　　）
2. 保持营业场所环境明亮、干净、整洁，地面、墙面平整干净，商品及货架无灰尘、污渍，垃圾桶、劳动工具为了方便顾客使用应放至显眼的地方。（　　）
3. 《药品管理法》规定，零售药店药品拆零销售必须做好拆零记录。（　　）
4. 目前药房凭医生处方可出售的有消毒药品、大输液、麻黄碱类药品、一类精神药品。（　　）
5. 门店销售处方药时须经门店经理或执业药师或具有药师以上职称的人员

审核。( )

6. 营业场所常温库温度应控制在 20~30 ℃。( )

7. 药品应按批号先后进行陈列，根据药品的效期远近前后摆放。( )

8. 外用药与内服药分开存放。( )

9. 清凉油和一般药品可以同区存放。( )

10. 临近过期产品应立即促销处理。( )

11. 检查柜台及库存商品数量是否充足，不足的须及时填写"缺货计划"并通知补货，做到所有商品无断货现象。( )

12. 特殊管理的药品按照规定存放，第二类精神药品不能陈列。( )

13. 不同批号的中药饮片装斗前应当清斗并记录。( )

14. 向顾客推销和推介药品是医药商品购销员的主要职责。( )

15. 医药商品购销员的任职条件是，具有大专以上文化程度或者符合省级食品药品监督管理部门规定的条件。( )

16. 顾客在购物之前要经过思想酝酿的八个阶段，兴趣为第一阶段。( )

17. 医药商品购销员的优秀服务和专业素质是影响消费者对药品信任感的因素之一。( )

18. 有一类顾客遇事表现冷静、沉着、思维严谨、不易被外界干扰，这类顾客为冷静思考型顾客。( )

19. 有一类顾客的生活比较封闭，其对外界事物反应冷淡，不愿应酬，这类顾客为忠厚老实型顾客。( )

20. 应对圆通世故的顾客，医药商品购销员应观察其购买意图，然后说服顾客当机立断、马上购买才是最佳选择。( )

21. 介绍药品时医药商品购销员说得越多越好。( )

22. 在为顾客说明药品时，不要逐项介绍，要顾客问一句答一句，分清主次。( )

23. 在顾客异议类型中，价格异议是指顾客认为支付不起购买药品所需的钱款。( )

24. 缓冲是处理顾客异议的关键一步。( )

25. 处理顾客异议的时间处理法包括立即处理、提前处理和推迟处理。( )

26. 收银工作要做到货款合一，收银员必须收付清楚准确。( )

27. 销售小票不能作为顾客的报销凭证。( )

28. 甲类 OTC 药品和非药品类商品、保健食品类商品可用开架方式来展示。
（　）

29. 在一段时期内，如果有数起顾客退换同一药品事件发生，就证明药品质量明显有问题，医药商品购销员必须停止销售，并通知顾客退换。（　）

30. 医药商品购销员除要迎合顾客购买心理外，还要销售出药品，要将普通药品扩大疗效，引起消费者兴趣。（　）

31. 企业销售药品时应当如实开具发票，做到票、账、货一致。（　）

32. 记录应当符合以下要求：质量记录格式由质管部统一编号，质量记录由各岗位人员填写，质量记录要做到字迹清楚、正确完整。（　）

33. 质量验收员检查、验收待验区的购进药品，并核对采购计划及供应商开具的税票，建立质量验收记录。（　）

34. 二类精神药品及蛋白同化制剂、肽类激素等药品应由专人验收。（　）

35. 票据主要指购进票据、销售票据和发货传递票据。（　）

36. 购进票据至少要保管 3 年。（　）

37. 商品销售退货单的白色联为药品验收记录，红色联为账会记录联，绿色联为客户联，黄色联为入库通知单。（　）

38. 中文大写金额数字到"元"为止，在"元"之后，应写"整"（或"正"）字，在"角"之后可以不写。（　）

39. 建立药品销售记录和销售凭证的意义重大，可以保障药品质量的追溯性，保证药品销售流向真实、合法，便于执法。（　）

40. 销售处方药和甲类非处方药时，药师必须在场提供用药服务，否则不能用药。（　）

41. 国家有专门管理要求的药品包括：蛋白同化制剂、肽类激素、含特殊药物的药品。（　）

42. 管理人员及时掌握药店库存、经营情况、完成日常管理，有助于主管人员及时掌握畅销药、滞销药、普药的销售情况，并辅助管理人员进行经营决策。
（　）

43. 中药材销售记录应当包括品名、规格、购货单位、销售数量、单价、金额、销售日期等内容。（　）

44. 麻醉药品和一类精神药品管理要做到专人负责、专人加锁、专用处方、专册登记，并做好记录。（　）

45. 含量大于 30 mg 的麻黄碱类药物，可凭处方销售。（　　）

46. 疫苗、特殊管理药品按相关规定保存，药品零售企业的记录及相关凭证应当至少保存 5 年。（　　）

47. 因质量原因退回的药品，应按药品退回管理制度和程序进行处理，并做好记录。（　　）

48. 药品不良反应（ADR）是指药品在正常用法、用量情况下出现的与用药目的无关或意外的有害反应。（　　）

49. 进行处方审核的从业人员应当能够向患者正确介绍药品的性能、用途、不良反应、禁忌、注意事项等重要内容。（　　）

50. 药品的召回、二级召回是指对使用后可能引起健康危害药品的召回。（　　）

模块测试题答案

一、单项选择题

1. B　　2. C　　3. B　　4. A　　5. C　　6. C　　7. C　　8. B
9. D　　10. C　　11. B　　12. B　　13. C　　14. C　　15. B　　16. A
17. D　　18. A　　19. A　　20. D　　21. C　　22. C　　23. A　　24. D
25. C　　26. D　　27. D　　28. C　　29. C　　30. B　　31. B　　32. D
33. C　　34. C　　35. D　　36. C　　37. D　　38. B　　39. C　　40. B
41. B　　42. A　　43. D　　44. D　　45. B　　46. A　　47. B　　48. D
49. A　　50. A

二、判断题

1. √　　2. ×　　3. √　　4. ×　　5. ×　　6. ×　　7. √　　8. √
9. ×　　10. ×　　11. √　　12. √　　13. √　　14. √　　15. ×　　16. ×
17. √　　18. √　　19. ×　　20. √　　21. ×　　22. ×　　23. ×　　24. √
25. √　　26. √　　27. √　　28. √　　29. √　　30. √　　31. √　　32. √
33. √　　34. ×　　35. √　　36. √　　37. ×　　38. √　　39. √　　40. √
41. ×　　42. √　　43. ×　　44. ×　　45. ×　　46. √　　47. ×　　48. √
49. √　　50. ×

职业模块 4
药品陈列与保管

　　药品是一种特殊商品,药品的陈列与保管直接影响药品的质量和销售。因此,医药商品购销员既要学好药品陈列与保管的知识,保障药品的质量和销售;又要根据各种药品固有的形状、色彩、性能,通过艺术造型来展示商品、突出重点,反映药品特色以引起顾客注意,提高顾客对药品的了解、记忆和信赖的程度,从而最大限度地激发顾客的购买欲望。药品陈列还具有POP广告的特点,同时又是便利顾客、保管药品的重要手段。因此,医药商品购销员掌握药品陈列与保管知识的程度,也是衡量服务质量高低的重要标志之一。

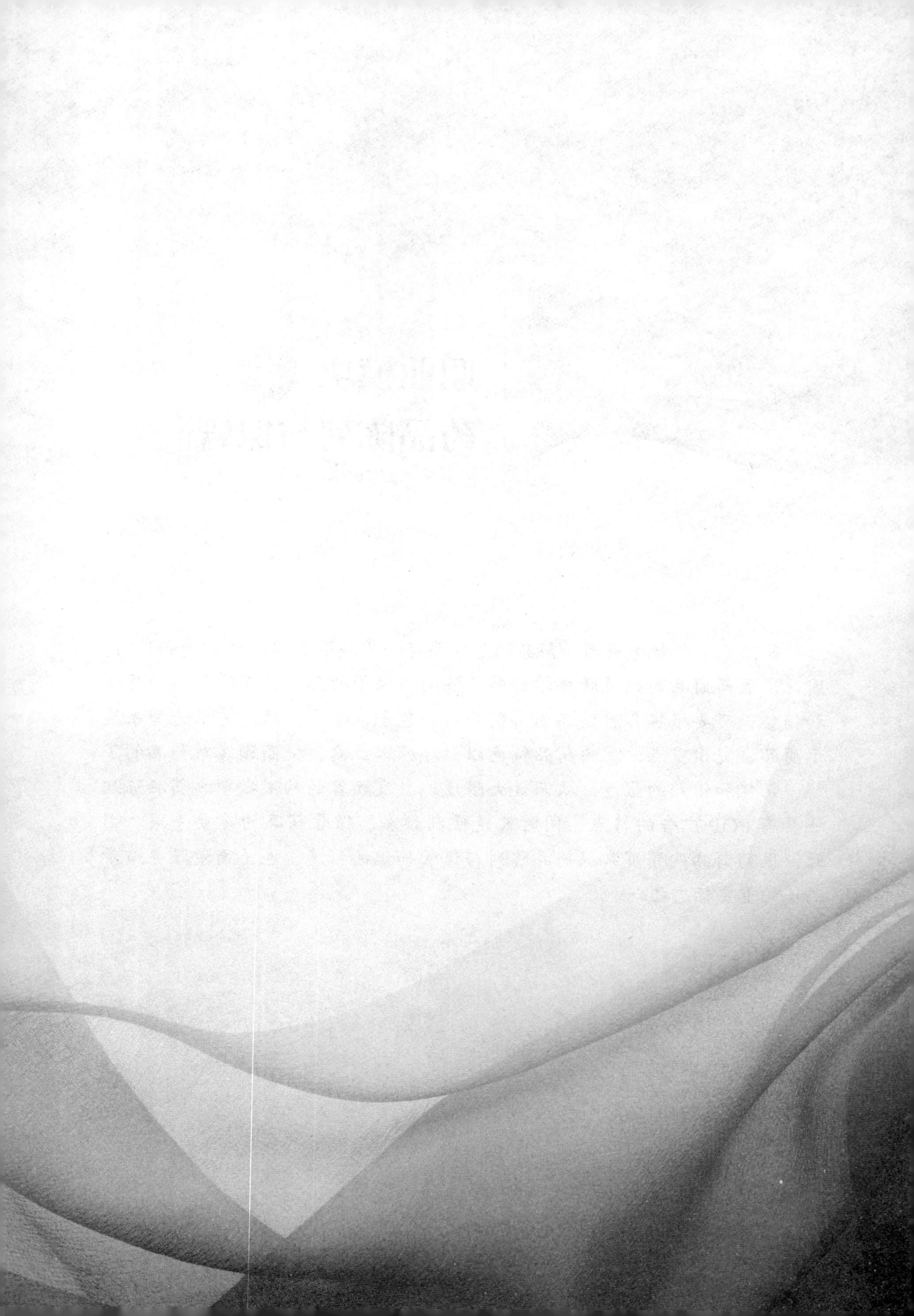

培训课程 1

药品分类陈列

培训目标

1. 掌握药品配置的依据与要求；
2. 掌握药品陈列的原则、目标与技巧；
3. 熟悉药品陈列的分类。

一、药品的配置

药品的配置是指药品配备与药品放置的总称。药品配备主要包括品种和数量的配备，药品放置主要包括药品的布局和陈列。合理的药品配置，可以利用有限的资源展示药品，利用合理的放置方法创造理想的购物空间，最大限度地方便顾客购买，从而实现销售目标和效益最大化。

1. 药品配备的依据

药店药品配备的主要依据药品分类、药品目录、空间管理及门店所处具体商圈状况。

（1）商圈调查。门店属地的市场容量、潜力、竞争者状况等。

（2）消费者调查。商圈内消费者收入、家庭规模结构、购买习惯、对药品与服务的需求内容等。

（3）药品销售策略。有意识突出某类药品、价格策略等。

（4）成功门店的药品配置是最具参考价值的。

（5）其他。卖场实际状况、是否有品种限制等。

2. 药品的放置要求

药品配备完善后，还要通过药品的合理放置，才能实现药品的销售目的。药品的放置，应符合《药品经营质量管理规范》（GSP）的基本要求，并做到：

（1）药品与非药品应分开放置。

（2）内服药与外用药应分开放置。

（3）处方药与非处方药应分开放置。

（4）互相影响的药物应分开放置。

二、药品的陈列

1. 药品陈列的原则

作为一种特殊商品，药品陈列首先应符合《药品经营质量管理规范》（GSP）的要求，其次要给人以美观、有序、整齐的感觉，还应按照空间管理原则，将药品按分类及药品线目录陈列于相应的货架架位上，让每位医药商品购销员都熟知每一种药品的摆放位置。

（1）平行、斜放原则。货架采用平行打斜的方式，以达到药品的最佳展示效果。

（2）直立、平铺原则。药品正面朝向顾客，放在货架最前端，药品在销售中依次向前移动。

（3）先进先出、先产先出的原则。生产日期在先的药品摆放在销售前端、防止商品过期产生损耗。破损、过期等不合格药品不能出现在货架上。

（4）分类纵向原则。一般按用途、性能、品牌等对药品进行分类组合。当该类药品品种数超过4种时，药品应由上至下纵向陈列摆放。

（5）关联性原则。将功能相同的药品放在一起陈列。

（6）丰满陈列原则。丰富是吸引顾客、提高销售额的重要手段之一，药品陈列种类与数量要充足，以刺激顾客的购买欲望。顾客是不愿到品种单调、货架空荡的药店购买药品的。要及时补货，避免出现货架"开天窗"的脱销局面。

（7）黄金位陈列原则。货架离地120～160 cm 的区域、堆头、端架、临通道区域应陈列高利润药品、季节性药品或需突出陈列的药品。

（8）整洁美观原则。陈列的药品要清洁、干净并且没有破损、污物、灰尘，不合格的药品应及时从货架上撤下来。陈列指引标示牌、价签要求清晰、整洁、无破损。每种药品都有其优点，药品陈列应设法突出其特点。大胆采用多种艺术造型、艺术方法、运用多种装饰衬托及陈列器具使陈列美观大方。

（9）醒目原则。药品的大、中、小分类应清晰合理，使顾客进入店内能很容易找到药品的陈列位置。药品陈列位置应尽可能设置在顾客易于看见的地方，不宜放置得太高或太低。陈列药品应附加文字说明，文字说明不仅用来阐述药品的有关事实，如价格、产地、原料、规格、名称、用途等，而且用于体现药品陈列创意。文字说明要精练，使顾客很快能了解说明内容并记忆下来，在阅读后回味无穷，难以忘怀，并能促使其产生直接的购物行为。

（10）**方便原则**。药品陈列要为顾客提供一种有序的购物引导。速购药品放在最明显、最易选购的位置，如药店入口附近；选购药品应摆放在比较安静、不易受到打扰、光线充足的位置上，便于顾客仔细观看，慢慢挑选；特殊药品如精品、高档药品、名品可以摆放在距出售一般药品稍远、环境幽雅的地方，以显示药品的高档贵重。药品陈列位置应便于取放，不要将药品放在顾客手拿不到的位置。即使顾客费了很大的劲将放在高处的药品拿下来，如不满意，也很难再将其放回原处，这样会影响顾客的购物兴致和药品陈列布局的美观性。药品陈列要安全稳定，避免倒塌现象。体积大、分量重的药品一般要放于货架下部，而体积小、分量轻的应放在货架上部。

2. 药品陈列的形式

（1）**闭架区**。闭架区陈列处方药，即必须凭医师处方并在药师指导下调配、购买和使用的药品。处方药应全部放在处方柜中闭架销售，并标明警示语"请凭医师处方，在药师指导下购买和使用"。

（2）**开架区**。开架区销售非处方药（OTC）。非处方药是不需要凭医师处方即可由顾客自行判断、购买和使用的药品，并标有警示语"请按药品说明书或在药师指导下购买和使用"。非处方药又分为甲类和乙类。非处方药主要包括解热镇痛用药、感冒用药、维生素与矿物质、胃肠道用药、妇科用药、外用药等。

（3）**标示牌**。标示牌是药品陈列和库存分区、分类的一种标志，通常有大中小三种。

1）大标示牌。用来标示该区域内货架上所摆放药品的大类，包括处方药、非处方药、保健食品、家庭健康用品、中药饮片及收银台等。

2）中标示牌。用来标示该货架上所摆放药品的主要种类（药品细类），包括非处方药中标示牌（OTC感冒用药、OTC清热解毒药、OTC维生素与矿物质、OTC胃肠道用药、OTC妇科用药、OTC外用药、OTC儿科用药、OTC止咳化痰药、OTC五官科用药、OTC滋补药品）、处方药中标示牌（抗微生物药、心血管系统用药、肝胆用药、泌尿生殖系统用药、妇科用药、止咳平喘药、五官科用药、骨伤科用药、外用药、糖尿病用药等）。

3）小标示牌。用来标示该层所摆放的药品（药品名称、价格等），小标示牌的内容应具体、全面、准确。

3. 药品陈列的技巧

药品陈列橱柜一般的高度为 90~100 cm，其以二片玻璃隔板隔成三段，应有方便医药商品购销员和顾客面对面销售形式的柜台。柜台比较适宜采用排队陈列或堆码陈列的分类、组合方式。陈列时要将药品整理洁净，商标、图案要面向橱柜前的顾客。每个单元的艺术处理，都要注意做到局部和整体的统一。辅助的道具要精巧别致，陈列时最好用较好的丝织物加以衬托，用以表现药品一流的品质。要注意的是，柜台的最下层绝对不能用来陈列药品。其原因：一是显得药品较陈旧，二是因为顾客大多不愿意从这些隐蔽的地方去寻找自己所需要的药品。所以，可将储备的存货整齐地码放在这类地方，以充分利用柜台的最下层。

（1）**橱窗陈列**。展示主题活动药品、季节性药品、广告支持药品、新药品及重点促销的药品等。

（2）**专柜陈列**。可按品牌或功能设立。

（3）**端架陈列**。端架是指一组双面货架的中央陈列架的两端货架，属于货架中的黄金展示位。主要用于展示主题活动药品、季节性药品、广告支持药品、特价药品、利润高的药品、新药品及重点促销的药品等，一般不包括毒性药品。端架陈列可用于单一大量的药品陈列，也可用于几种药品组合陈列，但不宜过多，每层货架上的药品应控制在 3 种以内。

（4）**黄金陈列**。上段陈列"希望顾客注意"的药品，即一些新药品、推荐药品、有意宣传的准重点药品。黄金段是顾客最易看到、最易拿取药品的位置，应陈列支持门店营业额的主要药品，如畅销药品、重点药品、季节性药品、独家代理药品或广告药品等。中段陈列销售量稳定的一般药品与准重点药品等。下段陈列体积较大或中等的药品及销量较低、滞销的药品等。

（5）**大量陈列**。大量陈列如堆头陈列、多排面陈列等，可使顾客产生强烈的视觉效果，刺激其产生购买的冲动。大量陈列的药品应为新药品、促销特价药品、会员特价药品等。

（6）**除去外包装的陈列**。瓶装药品（如药酒、口服液等）除去外包装后陈列，可使顾客对药品的内在质地有直观的感受，激发其购买的欲望。

药品陈列的同时要注意会员特价药品、新药品、促销药品等标签和手制 POP

广告的展示，在 POP 广告上要注明药品的卖点（特点、功效、促销方式等），以增加顾客的购买欲望。

4. 药品陈列的分类

（1）**按药品的作用和用途分类陈列**。对药品按其作用与用途分类，优点：使不同疾病的药品名目清晰，方便经营，便于指导使用；缺点：不同剂型混杂，不便于储存管理。内服药与外用药应分柜陈列。

（2）**按药品剂型分类陈列**。零售企业药品陈列一般先按作用与用途分类，再按药品剂型分类。

1）按药品剂型一般分为内服剂型、外用剂型、既可内服又可外用的剂型。

内服剂型：固体制剂，如片剂、胶囊、丸剂、滴丸剂、颗粒剂等；液体制剂，如口服液、芳香水剂、糖浆剂、乳剂、合剂等。

外用剂型：固体或半固体制剂，如硬膏剂、软膏剂、眼膏剂、栓剂等；液体制剂，如搽剂、洗剂、滴眼剂、滴鼻剂、灌肠剂等；气雾剂，如外用喷雾剂等。

既可内服又可外用的剂型，如丸剂、膜剂、混悬剂等。

2）药店陈列时，药品与非药品、处方药与非处方药、内服药与外用药应分开陈列。仓库储存时，药品与非药品、处方药与非处方药、内服药与外用药必须分库或分区储存。

（3）**按药品性质分类陈列**

1）药店应按不同性质将药品进行分类陈列，如咖啡因具有中枢兴奋作用，属于中枢兴奋药；地西泮具有中枢抑制作用，属于镇静催眠药。

2）药店应按药品气味不同进行分类陈列，即易串味的药品与一般药品应分开陈列；有特殊臭味的药品与一般药品应分开陈列，例如碘、碘仿、樟脑、薄荷脑、冰片等有特殊气味的药品应与乳糖、淀粉、药用炭、葡萄糖、氢氧化铝等易吸附药分开陈列；仓库中性质能相互影响、容易串味的药品应分区、分库陈列。

（4）**按药品的不同保存要求分类陈列**

1）拆零药品。拆零药品应统一存放在拆零专柜中，按口服药、外用药分类存放，并保留原包装的标签和说明书。拆零工具、包装袋应保持清洁卫生。破损药品不可陈列在拆零药品柜内。

2）冰箱。药品应按照《药品经营质量管理规范》（GSP）规定的温、湿度储存条件存放，冰箱通常存放一些需要冷藏的药品。

3）闭架区。处方药不得开架陈列。

4）中药柜。调配中药处方。

5）退库区。存放待退的（有质量问题的）药品，应及时按要求验收退库，防止产生漏退或误退等情况。

培训课程 2

药品的保管与养护

药品的保管与养护，是药品流通领域中不可缺少的重要环节之一以及保证质量的必须条件。要通过研究各类药品的自然属性及其在外界因素影响下的变化规律，采取各种有效的保管措施和科学的养护方法，保证药品的质量和使用价值，减少损耗，保障顾客的用药安全。对药品进行科学的保管与养护管理，是医药商品购销员必须掌握的专业知识和专业技能。

一、影响药品质量的因素

药品在保管养护中常见的变异现象有水解、氧化、分解、潮解、挥发、干裂、软化、风化、沉淀、变色、发霉、虫蛀等。

药品质量变化是错综复杂的，其变化的速度和性质，受内因和外因两方面的因素制约，内因是变化的根据，外因是变化的条件，外因是通过内因而起作用的。药物具有不同的化学性质和物理性质，因此，其会在各种不同的外界环境和条件下产生不同的化学变化和物理变化。外因不是主要的，即外因没有内因的存在是不会发生变化的。相反，如果没有外界因素的作用，药物变化也是不可能发生的。

很多药品的性质比较复杂，所受外界的影响因素也往往不止一个，在养护过程中必须熟悉影响药物变质的内因和外因。要根据药物性质来控制外因，稳定内因，做好药品的储存和养护工作。

1. 影响药品质量的内在因素

药物变质的内因主要是指药物本身的化学成分、结构，以及由它所反映的物理性质和化学性质。药物质量变化的内因往往不单纯表现在一个方面，有时是几种内因同时引起药物质量发生变化的。

（1）**化学结构及化学变化**。药品的化学结构含有酯、酰胺、酰脲、酰肼、醚、贰键等基团时，如青霉素类分子含有酰胺基，易发生水解反应；结构含有酚羟基、巯基、芳香基、不饱和键、醇、醛、吡唑酮、吩噻嗪等基团时，如维生素C分子结构含有烯醇型羟基，易发生氧化反应。当化学反应发生时，不仅会使药效减失，而且毒副作用增加也会导致不良反应的发生。

（2）**理化性质**。当药品某一成分具有挥发性、吸湿性、吸附性、溶解性、冻结性、风化性等，且在保管养护过程中对药品处理不当时，不仅会使药品的外观发生变化，而且会导致疗效降低或失效，甚至在使用时可能会出现危险。

（3）**剂型**。不同剂型药品的稳定性不同。化学合成药的制剂比生物制品的制剂稳定，固体制剂比液体制剂稳定，乳剂、混悬剂、芳香水剂、血液制剂等稳定性较差，软膏剂和栓剂的稳定性与上述剂型也有较大差别。所以，不同剂型的保管养护方法也不相同。

2. 影响药品质量的外在因素

药品本身的物理性质和化学性质是影响药品变质的内因。但是，如果没有外因的影响，在较长时间内，药品质量是可以保持相对稳定的。在药品保管养护条件下，必须掌握影响药品变质的外界因素，克服不利条件，创造有利条件，这样才能保证药品质量的相对稳定。

影响药品变质的外界因素很多，如空气、光线、温度、湿度、微生物和昆虫、时间、包装、储存条件等。这些对药品影响的因素往往会同时或交叉作用，它们的相互作用会加速药品变质失效。

（1）**空气**。空气是各种气体的混合物，成分复杂。其中对药品影响最大的是氧气和二氧化碳。

1）氧气。氧气是化学性质非常活泼的一种物质。有些药品与空气中的氧气接触后很容易因发生氧化反应而变质。药品被氧化后，可以发生变色、异臭、分解、变质、失效，甚至产生毒性，如醇、醚、醛类、酚类、芳胺类、吡唑酮类、吩噻嗪类、含巯基药物等。

2）二氧化碳。它本身的性质并不活泼，但有些药品，特别是碱性药物能和二氧化碳结合而变质，如氨茶碱因露置在空气中吸收二氧化碳而析出茶碱从而不溶于水。

（2）**光线**。日光中的紫外线常起着催化作用，能使许多药物发生变色、氧化、分解等化学反应，加速药品的变质速度。有的药品受光线长时间的直接照射才会发生变质，有的药品在短时间内受到散光的照射就会引起变化，因此储藏保管时应特别注意。

（3）**温度**。温度对药品质量有很大的影响，温度过高或过低都能使药品变质失效而造成损失。尤其是生物制品、脏器制品、抗生素类药品等对温度要求更严格。温度增高可加快化学反应速度，可促进氧化作用，可加速药品变质失效、挥发或变形等；温度过低能使一些药品产生沉淀、凝固、冻结等，导致药品变质失效；注射剂体积可因低温结冰发生膨胀而使容器破裂。另外，温度也是滋生细菌、微生物的条件之一。

（4）**湿度**。湿度是影响药品质量的重要因素之一。湿度过大，易导致药品发生潮解、液化和霉变等。反之，湿度过低，即过于干燥，易使含结晶水的药品风化和干裂，从而影响质量和使用。

（5）**时间**。药品有效成分的含量和疗效，与时间有很大关系，久贮易降低药品疗效，使毒副作用增加，甚至不能应用，如生物制品、抗生素、脏器制剂、生药粉末等。有的药品特别是性质不稳定的药品制剂，如乳剂、水剂、栓剂等剂型久储都会影响疗效。因此，药品在出库时应贯彻执行"先产先出、近期先出"的发货原则。

（6）**昆虫、微生物**。药品本身的成分、含水量，空气中的温度、湿度等，都是引起霉变的重要原因。在湿度、温度适宜的条件下，昆虫、微生物极易生长繁殖，导致药品霉变、虫蛀，药品不可使用。当药品露置在空气中，微生物的混入和繁殖，会使药品变质腐败、发酵等。

（7）**包装**。当药品与不适宜的包装材料接触时，就会引起药品出现混浊、药瓶脱片等现象。当避光药品装于透明容器时，药品就会受光线影响而发生变质；另外，封口不严会造成药物出现微生物污染、挥发、氧化等情况。

二、化学制剂（西药）的养护

化学制剂（西药）的保管要根据其性质的差异，选择不同的保管与养护方法。

1. 药品分类存放

保管人员应熟悉药品质量、性能及储存要求，按温度要求分别将药物储存于常温库、阴凉库或冷库中。在储存药品中要做到：人用药与兽用药、药品与非药品、内服药与外用药以及易串味药品、中药材、中药饮片和危险药品等与其他药品分开存放。药品堆码应符合"六距"要求，即：垛间距不少于 5 cm，地距不少于 10 cm，与墙、顶、温度调控设备、管道等固定设施间距不少于 30 cm。

2. 光敏性药品

对光比较敏感的药品应采用棕色或黑色纸包裹的玻璃容器包装，防止紫外线透入；应将其放在阴凉干燥、光线不易直接射入的库房中，门、窗可悬挂遮光用的窗帘；宜采用小包装存放，如肾上腺素、维生素 B 等。必须知道的是，不怕光的药品是不存在的，只是其敏感程度有所不同。

3. 热敏性药品

根据药品对温度的敏感程度，选择不同的库房。如一般的药品储存在常温（0~30 ℃）库中，如血液制品、生物制品等应储存在冷库（2~10 ℃）内，如注射剂、胶囊剂、液体制剂、栓剂、粉针剂等储存在阴凉库（不高于 20 ℃）中，一些易冻和怕冻的药品应保温储存。药品批发和零售连锁企业应根据所经营药品的储存要求设置不同温湿度条件的仓库。

4. 易潮解和吸湿药品

养护易潮解和吸湿药品时，首先要对盛装的容器进行密闭、密封、熔封、蜡封；其次应控制库房的湿度，通过在库房设置除湿机、排风扇、通风机、加湿机和放置石灰、木炭，保持库房湿度在 35%~75% 等；最后根据天气情况分别采取开、关门窗等不同措施。

5. 易燃、易爆药品

易燃、易爆药品包括易爆炸品、易燃烧品、毒品、腐蚀性药品四类。应将易燃、易爆药品分类存放在危险品库房中；库房内严禁烟火，且应配有消防安全设备（灭火机、砂箱）；包装和封口必须是坚实、牢固、密封的，应防止冲击和摩擦危险品。经常检查包装是否完整和有无渗漏，发现情况应立即进行安全处理。

6. 麻醉药品和一类精神药品

麻醉药品和精神药品是特殊管理的药品，严格实行专库（专柜）、专锁、专账记录、专人保管，并做到双人双锁、双人开箱验收和清点、双人复核出库、双人签字。库房内必须设有安全设施（报警器、监控器）。库房环境尽量做到避光、干燥。发现问题应立即向当地药监部门报告。对破碎、变质、过期失效的药品，应清点登记，单独保管，上报药监部门，等待批复处理意见。销毁药品必须由药品监督管理部门批准，在其监督下销毁药品，监督销毁人要签字，存档备查。二类精神药品可储存于普通的库房内。

7. 医疗用毒性药品

医疗用毒性药品是特殊管理药品，其保管过程中要做到专库（专柜）、专账记录、专人保管和双人双锁、双人开箱验收和清点、双人收货、双人签字。发现问题应立即向当地药品监督管理部门报告。不可药用的毒性药品的报损须经单位领导审核批准,其销毁必须经药品监督管理部门批准,并在监督下销毁,监督销毁人要签字,相关文件要存档备查。

8. 效期药品的保管

《药品管理法》规定,药品包装必须标明有效期。保管同种药品要按批号顺序存放,不同批号的药品要分开存放。设置效期明显标志,注意储存期限和有效期,特别是对距失效期仅有半年(或一年)的药品,应重点保管,掌握"先产先出,近期先出"的出库原则,并按月填报效期报表。超过有效期的药品属劣药,不可再用。保管中注意对效期的识别,有效期并不等于保险期。同一原料药的剂型不同、包装容器不同,其效期也不相同。

9. 退货和不合格药品的保管

库房应设置退货库(区)黄色标志、不合格库(区)红色标志。退货和不合格药品应由专人管理、记录。退回的药品首先应放进退货库(区)进行验收和检验,经验收检验合格的可转入合格品库;验收不合格的要转入不合格品库等候处理。退货记录保存3年。不合格药品应储存于不合格库(区)内,处理不合格药品的报告、报损、销毁要有完善的手续和记录。决不允许不合格药品出库和流通。

三、中成药的养护

1. 根据原料和剂型保管

(1) 丸剂

1)蜜丸:不易保存。一般应将其密封后储存于干燥处,应注意防潮、防霉变、防虫蛀。用蜡皮包装的蜜丸应防止重压与受热。

2)水丸:易吸湿而霉变、虫蛀、松碎等。宜密封并置于干燥处。

3)糊丸:不易保存。吸潮变软后则易发霉、虫蛀。宜密封并干燥保存。

4)浓缩丸、微丸亦可同水丸、糊丸一样保管养护。

(2) 散剂

1)含挥发性药物或易吸潮药物的散剂应密封储存。

2)含挥发性成分的,应用玻璃管或玻璃瓶装,沾蜡封口。

3)含糖的、贵重的及急救的散剂宜密封在铁制容器内储存,必要时还需置吸潮剂,如紫雪散、安宫牛黄散。储藏较大量散剂时,可酌加防腐剂,以防久储变质发霉。

4）散剂易吸湿和风化，应充分将其干燥后，用防潮性能好的包装材料进行包装。另外，有些散剂还须避热、避光、防鼠害、虫蛀。

（3）**片剂**。片剂常用无色、棕色玻璃瓶或塑料瓶封口加盖密封，也可用塑料袋包装密封，并置于室内凉爽、通风、干燥处保存。当气温高时，因含药材粉末或浸膏量较多，片剂极易吸潮、松片、裂片以致发生粘连、霉变等。温度过低则会导致药片干裂而影响质量。除另有规定外，片剂应密封储存。

（4）**膏剂**

1）煎膏剂（膏滋）：应密封并置于阴凉处储存。若保管不当，可出现结皮、霉变、发酵、变酸、糖晶析出等现象，如枇杷膏、益母草膏等。

2）膏药：应密闭并置于阴凉处储存。常含冰片、樟脑、麝香等挥发性药物，若储存日久，有效成分易散失。储存环境过热，膏药容易渗到纸或布外。储存环境过冷或吸湿，膏药黏性会降低，使用时容易脱落。

3）软膏（油膏）：应遮光并密闭储存。软膏的熔点较低，其受热后极易熔化，质地变稀薄，会出现外溢现象，故应在遮光容器中密闭保存，置于阴凉、干燥处。

（5）**合剂**。合剂成分复杂，久储容易变质，生产中应注意保持清洁，必要时可加入防腐剂，灌装后密封，置于阴凉处保存。在储存期间允许出现少量轻摇易散的沉淀。

（6）**颗粒剂**。颗粒剂含有浸膏及一定量的蔗糖，易吸潮，在潮热条件下极易受潮结块、潮解、发霉。应将颗粒剂密封在干燥处储存，防止受潮。

（7）**胶囊剂**。胶囊剂容易吸收水分，轻则膨胀，胶囊表面出现浑浊，严重时可发霉、粘连，甚至发生软化、破裂。胶囊遇热易软化、粘连，因此储存温度不宜超过30 ℃，但环境过于干燥时又易发生脆裂。故应将胶囊剂密封置于室内阴凉干燥处。

（8）**糖浆剂**。糖浆剂含有蔗糖，其水溶液易被霉菌、酵母菌等所污染，糖浆因此被分解而变得酸败、混浊。糖浆剂盛装容器应为棕色瓶，灌装后将其密封置于阴凉处储存，以防潮热和污染。

（9）**酒剂**。酒剂应密封并置阴凉处储存。在储藏期间允许出现少量轻摇易散的沉淀。

（10）**注射剂（针剂）**。注射剂易因受到光、热的影响而发生氧化、水解、聚合反应，并逐渐出现浑浊和沉淀。因此，应将注射剂密封于中性硬质玻璃安瓿中遮光储存，防冻结，防高热，并应按说明书规定的条件储藏。

2. 根据变质类型保管

（1）**易生虫中成药**。水丸、蜜丸、糊丸、散剂、片剂、冲剂如储存不当容易生虫，应储存于阴凉干燥处。温度不超过 28 ℃，相对湿度不超过 70%。如温、湿度过高过大，应及时采取降温吸潮措施，做好清洁卫生工作。

（2）**易发霉中成药**。储存条件以温度在 28 ℃ 以下、相对湿度不超过 68% 为宜。要勤检查，一般以 5~7 天检查一次为宜。

（3）**易挥发散失气味的中成药**。此类药物宜储存在既凉爽干燥又不通风处。温度控制在 28 ℃ 以下，相对湿度不宜超过 70%，同时按件密封，以防气味散失。

（4）**易融化的泛油中成药**。此类药物宜储存在低温、干燥、通风和阳光不能直射处。环境温度不宜超过 25 ℃，相对湿度以 70%~75% 为宜。

（5）**易发酵变味的中成药**。此类药物宜储存在低温通风处。温度保持在 28 ℃ 以下，相对湿度控制在 75% 左右，阳光不能直射。

中成药大多有强吸水性，易被空气氧化，易变质，储存时以保持环境干燥、密闭和阴凉为原则。因中成药多含糖、淀粉和脂肪等有机物，因此极易遭鼠害，应设有防鼠设备。

四、常见易变质剂型的养护

1. 性质不稳定的药品的保管原则

（1）遇光易变质的药品应置于避光容器中，并在干燥的凉暗处存放，以防止日光照射。

（2）受热易变质的药品、易挥发的药品和易风化的药品，应置于凉爽处密封保存，但易风化药品的储存温度不宜过高或环境不宜过于干燥，以免造成药品失去结晶水，影响药品质量。

（3）怕冻药品一般放置在温度为 0 ℃ 以上的药库中保存，以防药品冻结、变质或冻裂容器。

（4）易吸潮和易发霉虫蛀的药品，应在干燥的阴凉处保存，梅雨季节时要对其采取防潮措施。

（5）易串味的药品，应储存于按照阴凉库标准设置的易串味药品库中，不能与一般药品一起存放。

（6）易氧化和易吸收二氧化碳的药品应注意密封保存。

2. 常用易变质药品剂型的储存养护

（1）**注射剂**

1）遮光。一般注射剂应避光储存，并按药典规定的条件保存。遇光易变质的注射剂如肾上腺素、氯丙嗪、对氨基水杨酸钠等要遮光保存。

2）防热和冷藏。遇热易变质的注射剂，包括抗生素类注射剂、生物制品、脏器注射剂及酶制剂等，应在规定的温湿度条件下储存。抗生素类注射剂应置于阴凉处避光保存。生物制品适宜在 2~10 ℃的干燥冷处保存，除冻干品外，一般不能在 0 ℃以下保存，否则可因冻结使蛋白质变性从而导致药品变质。酶制剂一般需在冷处或凉暗处保存。

3）防潮防冻。水针剂最怕受冻。注射用粉针剂应注意防潮。

（2）**片剂**。湿度对片剂质量影响最大，其次是光线和温度对片剂的影响。除另有规定外，所有片剂都应密闭置于干燥处，防止受潮、发霉、变质；湿度应控制在 60%~70%。包衣片（糖衣片、肠溶衣片）吸潮后易变色，产生花斑、粘连、霉变，保管时的要求比一般片剂的要求高，如对防潮、防热要求较高。

（3）**散剂**。在储存过程中，温度、湿度、光线、空气和微生物等对散剂的质量均有一定的影响。湿度对散剂质量影响较大，所以在散剂的保管过程中防潮是关键。一般散剂应在干燥处密闭保存。含糖散剂尤其应注意防吸潮、霉变、虫蛀等。

（4）**胶囊剂**。胶囊剂易吸潮。一般胶囊剂应密封置于干燥阴凉处保存，以防潮、防热。但环境不宜过于干燥，以免胶囊脆裂。

（5）**散剂与冲剂**。一般散剂应置于避光、密闭、干燥处保存。含挥发性或易吸潮药物的散剂及泡腾散剂应密封储存。冲剂一般用塑料包装，并应严防潮湿，密封储存。

（6）**软膏剂**。一般软膏应置于密闭、避光、干燥处、25 ℃以下保存。乳化基质和水溶性基质制成的软膏储存还应防冻、避热，防止水分与基质分离，失去其均匀性。

（7）**栓剂**。栓剂易受温湿度的影响而发生变形和变质，因此，在储存期间应注意防热防潮，一般应将其存放于干燥阴凉处或在 25 ℃以下保存，避免重压，并且不宜久储。受热易熔化、遇光易变色的栓剂，应遮光、密封储存；水溶性基质栓剂吸潮后易变不透明并有"出汗"现象，气候干燥时又易干化变硬，故应置于密闭、阴凉处储存。

（8）**水溶液剂**。水溶液剂稳定性不高，易发生氧化、分解、变色、沉淀、发霉等变化，因此应将其避光、密封并置阴凉处保存。

（9）**酊剂**。酊剂易挥发、易燃烧，因此应密封、防火、避光并置于阴凉处保存。

（10）**糖浆剂**。糖浆剂应密封储存，温度不超过30 ℃。糖浆剂的储存养护关键是防止糖浆发霉，措施应以防热、防污染为主。

五、药品养护的基本要求

1. 药品养护的原则

在药品储存过程中，药品养护是对药品质量进行科学保养与维护的技术工作，是研究储存药品质量变化规律与科学养护方法的工作。它是保证药品质量、减少损耗、提高经济效益的重要手段。

仓库药品养护管理，是指对在库药品进行必要的保养与维护的各项管理工作。它包括药品养护组织管理和药品养护技术措施两个方面。药品养护组织管理包括制定必要工作制度，提供和改善储存药品环境条件。药品养护技术措施是指采用防止储存药品质量出现变化的各种科学养护技术。

药品养护应坚持"预防为主，防治结合"的原则。基本任务包括以下几点。

（1）指导保管人员对药品进行合理储存和科学养护，不断探索经济、有效、安全、环保的养护方法，如气调养护、气幕养护、射线养护等，淘汰传统的不适宜的养护方法，使养护工作规范、先进、科学、可操作。

（2）根据库存药品的流转情况制订养护计划，对库存药品进行定期质量检查和养护，并做好养护记录。建立完善、准确的养护档案，并由专人记录和保管。

（3）药品养护的重点是控制好库房的温度和湿度，做好温度、湿度的监测和管理。每日定时对库房的温度、湿度进行测量记录，如果温、湿度不符合储存要求，应及时采取有效措施（去湿机、加湿器、开关窗、采暖设备、降温设备）调节库存条件。

（4）对库存药品应经常、定期进行循环质量抽查，根据季节的变化和品种的特性，及时拟订抽查计划和养护计划；对重点养护品种和易变质品种，要缩短检查的周期。

（5）储存养护期间，要保持库房的清洁卫生，定期进行翻垛。检查药品是否发生质量变化，如果发现问题，应悬挂明显标志（黄牌）和暂停发货的标志，并通知质量管理部门进行检验、处理。

（6）对库存的药品要进行科学的抽样送检，发现有问题的，要进行妥善处理，并及时检验其相邻批号的药品。对易变质的药品、储存时间较长和近效期的品种，应进行重点抽验。

（7）对重点品种开展留样观察，考察其变化的原因，寻找其变化的规律，为指导合理库存、提高保管水平、确定储存期限提供资料。定期汇总、分析和上报养护检查近效期或长时间储存药品的质量信息。

（8）重点养护品种包括：易氧化的药品（肾上腺素、吗啡类、维生素A、维生素D、维生素E、普鲁卡因等），易水解的药品（硝酸甘油、青霉素、阿司匹林等），易吸湿的药品（山梨醇、胃蛋白酶、青霉素类等），易风化的药品（咖啡因、磷酸可待因等），易挥发的药品（麻醉乙醚、樟脑、麝香草酚等），易升华的药品（碘仿、薄荷脑等），易熔化的药品（水和氯醛、樟脑等），易冻结的药品（鱼肝油乳、氢氧化铝凝胶等）。

（9）负责养护用仪器设备、温湿度检测和监控仪器、计量仪器及器具等的管理工作。

2. 药品养护工作内容

（1）药品储存的合理性。在日常管理过程中，对在库药品的分类储存、货垛码放、垛位间距、色标管理等工作内容进行巡查，及时纠正发现的问题，确保药品按规定要求合理储存。

1）仓库温湿度要求。药品批发和零售连锁企业应根据所经营药品的储存要求，设置不同温湿度条件的仓库。其中，冷库温度为2~10 ℃；阴凉库温度不高于20 ℃；常温库温度为10~30 ℃；各库房相对湿度应保持在35%~75%。抗生素类制剂最好储存于阴凉库中。怕热药品如胰岛素、胎盘球蛋白等，必须冷藏（冷库温度范围为2~10 ℃）保存。

2）药品的堆垛。药品堆垛的基本原则是安全、方便、节约。垛位编号主要考虑方便的因素。药品堆垛应尽量做到合理、牢固、定量、整齐，倾斜度小于15°。商品不可倒置，堆垛"三不倒置"是指轻重不倒置、软硬不倒置、标志不倒置。包装不坚固或过重的药品，不宜堆码过高，以防下层药品受压变形。堆垛应符合防火规定，要与防火门、电气装置等保持一定距离，以利于人们对药品进行检查、搬运和消防。药质较重、体积较大而又不需久储的药品，应堆放在离装卸地点较近的区场中，以便于搬运；而药质较轻的药品可堆放在中心区场中，可尽量堆高；若同种药品包装大小不一，应将大件放在下层、小件放在上层。

堆垛间距：垛距主要考虑药品性能、储存场所条件、养护与消防要求、作业需要。垛间距不小于 5 cm，垛与地面的间距不小于 10 cm，垛与墙的间距不小于 30 cm，垛与屋顶的间距不小于 30 cm，垛与库房散热器的间距不小于 30 cm。

3）色标的识别。《药品经营质量管理规范》（GSP）要求在库药品均应实行色标管理。药品储存实行色标管理可有效控制药品储存质量和杜绝库存药品出现存放差错，其统一标准如下所述。

绿色：合格药品库（区）、零货称取库（区）、待发药品库（区）。

黄色：待验药品库（区）、退货药品库（区）。

红色：不合格药品库（区）。

（2）仓储条件监测与控制。药品受潮后易变色，以及产生花斑、粘连、霉变、水解、结块、虫蛀等现象；药品受空气影响后可出现氧化、风化、潮解等现象。仓库温湿度控制方法有以下几种。

1）通风。通风是根据对流的规律有计划地对库内外空气进行交换的过程，以调节库内的温湿度。药品怕热也怕潮，一般药品仓库开窗通风降温的条件是使库外的温度和相对湿度都低于库内。一般来说，当药品仓库库内温度、相对湿度均高于库外时，可将门窗全部开启，通风去湿；当库外温度略高于库内，但不超过 2 ℃ 且相对湿度低于库内时，可通风去湿。

①自然通风。库外无风时，主要开启上部和下部进出空气的通风口和窗户；库外有风时，将库房迎风面上部出气口关闭，开启背风面上部出气口。

②机械通风。利用通风机械（例如：排风扇、去湿机）控制调节库内的温湿度。

2）密封。密封是指采用一定的方法，将商品尽可能严密地封闭起来，以防止或减弱外界空气对商品影响的方法。密封可与通风、吸潮等方法结合使用。

3）吸潮。吸潮是利用物理或化学方法，将库内潮湿空气中的部分水分除去，以降低空气湿度。目前，吸潮的主要方法是吸潮剂吸潮和机械吸潮。吸潮方法见表 4-1。

表 4-1　吸潮方法

名称	方法介绍
生石灰	生石灰的吸湿性强、吸潮速度快。使用时把生石灰捣碎成尺寸 10 cm 以下的小块并存于竹篓或木箱中，不能装满，木箱不能放在垛底，也不能离商品太近
氯化钙	氯化钙吸湿性强，效果明显。使用时将它放在竹筛上，下接瓦盆等容器，吸湿后的氯化钙会逐渐稀释成液态，可反复使用

续表

名称	方法介绍
硅胶	硅胶具有良好的吸湿性，吸湿后仍为固体，不潮不溶不污，烘干后可重复使用，无腐蚀现象，但价格较贵。性能稳定，可长期使用，一般用于高级贵重商品的吸湿
机械吸潮	利用制冷装置，将潮湿空气冷却到露点温度以下，使水汽凝结成水滴排出，然后将冷却干燥的空气再送入库内。吸湿率高，效果显著，成本低，操作简便，无污染

如库房温、湿度超出规定范围，应及时采取调控措施并记录，1 h后再次记录库房内的温、湿度，若超标，继续采取相应措施。

除温、湿度外，仓储条件还需要考虑药品储存设备的适宜性、药品避光和防鼠等措施的有效性、安全消防设施的运行状态。

（3）库存药品质量的循环检查。库存药品采用"三三四"检查原则：入库3个月后根据库存产品流转情况，每季度的第一个月检查所有品种的30%，第二个月检查30%，第三个月检查40%。

1）检查内容：以外观质量及包装检查为主，包括：检查日期、品名（通用名）、规格、单位、库存数量、生产厂、生产批号、有效期、质量情况等，并做好"药品质量抽查记录"。

药品的性状，包括：形态、颜色、气味、味感、溶解度等。不同剂型的药物检查内容有所不同。

①片剂。检查形状、色泽、片面、包衣、片芯的颗粒、片剂的硬度、气味、味感等是否符合标准。

②胶囊剂。检查外形、大小、胶囊壳性状及结合度、色泽、壳内药物纯度等是否符合标准。

③颗粒剂。检查外形、颗粒大小、气味、口感、溶化性等是否符合标准。

④注射剂。检查包装、药液澄明度、药液色泽等是否符合标准。

⑤口服液。检查包装、药液色泽、药液气味、药液黏度等是否符合标准。

⑥喷雾剂、酊剂、糖浆剂、软膏剂、栓剂。检查有无结晶析出、混浊沉淀、异臭、霉变、破漏、异物、酸败、溶解结块、风化等现象。

⑦散剂。检查有无吸潮结块、发黏、生霉、变色等现象。

⑧合剂、糖浆剂。检查有无发霉、发酵及异常酸败气味等现象。

⑨丸剂。检查有无虫蛀、霉变、粘连、色斑、裂缝等现象。

⑩冲剂。观察有无潮解、结块、发霉、生虫等现象。

⑪软膏剂。检查均匀度、细腻度是否符合标准，有无异臭、酸败、干缩、变色、油层析出等变质现象。

⑫生物制品。检查有无变色、异臭、摇不散的凝块及异物，冻干生物制品应为白色或有色疏松的固体，无融化迹象。

2）检查方法：外观质量检查是通过人的视觉、触觉、听觉、嗅觉等感官试验，对药品的外观形状进行检查。最基本的技术依据是比较法。

3）判断依据与处理：药品外观质量是否合格应依据药品质量标准、药剂学、药物分析及药品说明书的相关知识及内容进行判断。药品的内在质量需要药品检验机构依据药品质量标准检验结果来确定，一旦判定药品变质应按照假药处理，不得再使用。

（4）**定期检查**。为避免漏查，规定在季度末、年末等固定时间进行药品质量检查。每月汇总、分析和上报养护检查、近效期或长时间储存药品的质量信息，填写库存药品质量养护记录，为药品和供应商的评审提供切实可靠的依据。

（5）**随机检查**。当气候条件出现异常变化，如遇高温天气、严寒、雨季且发现药品有质量变化迹象时，应进行局部或全面检查。

（6）**养护中发现质量问题的处理**。药品养护中发现的问题一般包括技术操作、设施设备、药品质量等方面的内容。对发现有问题的药品，应对其挂黄牌暂停发货，并及时通知质量管理部门进行复查。对所发现的问题进行认真分析，及时上报质量管理部核实、处理，并按照质量管理部要求，采取措施改进质量管理过程，从而有效地控制药品储存质量。

（7）**药品的效期管理**

1）对于过期、失效、霉变、虫蛀变质的药品，应存放于不合格区，并有明显的标识，同时应对这些药品按有关规定及时处理和记录。

2）验收时检查有效期，并按效期先后在台账中或在计算机管理台账中登记。每一货位要设货位卡，注明效期与数量，记录的发药、进药情况应与"效期药品一览表"相一致。

3）要定期检查，按效期先后及时调整货位，做到近期先用。

4）库房人员要勤检查，按月填报"近效期药品催销表"。对一般效期药品，在到期前2个月要向上级部门提出报告，及时做出处理。

5）对于过期药品的处理。清点登记，列表上报，必要时监督销毁，由监销人员签字备查。

3. 重点品种养护

在确保日常养护工作有效开展的基础上,将部分药品确定为重点养护品种,采取有针对性的养护方法。

(1) 重点品种的确定。重点品种一般包括下列几类:

1) 总代理、总经销的品种。

2) 质量不稳定品种、有特殊储存要求的品种。

3) 首营品种。

4) 储存时间较长的品种。

5) 已发现质量问题药品及相邻批号药品。

(2) 重点品种的养护时间。重点品种的养护时间一般分为定期养护和不定期养护。定期养护是指对库存药品采用"三三四"检查原则进行养护:即入库3个月后,根据库存产品流转情况,每季度的第一个月检查所有品种的30%;第二个月检查30%;第三个月检查40%,并根据检查情况进行养护。不定期养护是指根据养护需要随时进行的应急养护。

(3) 建立重点品种养护档案。包括以下内容:

1) 药品的基本质量信息。

2) 观察周期内药品储存质量追踪记录。

3) 有关问题的处理情况等。

4. 特殊管理药品的保管方法

(1) 麻醉药品的保管方法。专人负责,专柜加锁,专用账册,专册登记,专用处方。

(2) 精神药品的保管方法。一类精神药品的保管方法同麻醉药品,二类精神药品可储存于普通的药品库内。

(3) 医疗用毒性药品的保管方法。专柜加锁,专人保管,专账记录。专柜应有毒性药品的明显标记,不得混放其他药品。

5. 填写养护记录

养护工作填写的相关表格有温湿度记录表、重点养护药品品种确定表、药品重量复查报告单、库存药品质量养护记录、药品养护档案表、养护设备使用记录。

(1) 温湿度记录表。库房温湿度记录表见表4-2,库外温湿度记录表见表4-3。

表 4-2　库房温湿度记录表

编号：　　　　　　　　　　　　　　　　　　　　　　　　　　　　（　　　年　　　月）

库号：	适宜温度范围：　～　℃				适宜相对湿度范围：　%～　%			
日期	上午（9:00—10:00）				下午（15:00—16:00）			
	温度（℃）	相对湿度（%）	采取措施后		温度（℃）	相对湿度（%）	采取措施后	
			温度（℃）	相对湿度（%）			温度（℃）	相对湿度（%）
月平均温度		月最高温度			月最低温度			
月平均相对湿度		月最高相对湿度			月最低相对湿度			

表 4-3　库外温湿度记录表

编号：

日期	上午		下午		最高温度（℃）	最低温度（℃）	备注
	温度（℃）	相对湿度（%）	温度（℃）	相对湿度（%）			

（2）**重点养护药品品种确定表**。重点养护药品品种确定表见表4-4。

表 4-4　重点养护药品品种确定表

编号：

序号	通用名称	商品名称	规格	剂型	有效期	生产企业	确定时间	确定理由	养护重点	备注

（3）药品重量复查报告单。药品重量复查报告单（见表4-5）内容包括对有问题药品的重量复查结果和处理要求，应根据该报告单及时采取相应措施。

表4-5　药品重量复查报告单

编号：

通用名称		商品名称		规格	
批准文号		生产批号		储存地点	
生产企业					
购进日期		数量		供货单位	
复查原因					
				报告人：　年　月　日	
复查情况					
				复查人：　年　月　日	
质量复查结论及处理意见					
				质量管理部门：　年　月　日	

说明：本表一式三联，一联为申请复查部门留存，二联为质量管理部门复查后留存，三联为复查后返回申请部门。

（4）库存药品质量养护记录。库存药品质量养护记录见表4-6。

表4-6　库存药品质量养护记录

编号：

日期	货位	商品名称	通用名称	规格	生产企业	生产批号	批准文号	有效期至	单位	数量	质量情况	养护措施	处理结果	备注

（5）药品养护档案表。重点控制药品应填写药品养护档案表（见表4-7），种类包括：①用户反映有质量问题的药品；②首营品种；③储存时间较长，接近或超过负责期的在库药品。

表4-7　药品养护档案表

编号：　　　　　　　　　　　　　　　　　　　　　　　　　　　　建档日期：

通用名称		商品名称		外文名称		有效期	
规格		批准文号		剂型		GMP认证	
生产企业			地址			邮编	
用途							
建档目的				检查项目			
性状				包装情况		内：中：	
储存条件						外：	体积：
养护质量问题摘要	时间	生产批号	质量问题	时间	生产批号	质量问题	

填表人：

（6）养护设备使用记录。正确使用养护仪器设备、温湿度监控仪器、计量仪器及器具，并负责定期检查等管理工作，确保养护设施设备和监控仪器正常运行并做好记录，确保企业所用计量器具的准确性。养护设备使用记录见表4-8。

表 4-8　养护设备使用记录

编号：

设备名称		设备编号		放置地点			
日期	使用原因	开始时间	停止时间	运行情况	操作人	备注

模块测试题

一、单项选择题（下列每题的选项中，只有 1 个是正确的，请将正确的代号填在括号内）

1. 解热镇痛药分类属于按（　　）。

   A. 药品的作用与用途　　　　　　B. 药品的剂型

   C. 药品的性质　　　　　　　　　D. 药品的保存要求

2. 只能在闭架区陈列的剂型为（　　）。

   A. 胶囊剂　　　　　　　　　　　B. 片剂

   C. 注射剂　　　　　　　　　　　D. 溶液剂

3. 按《药品经营质量管理规范》（GSP）的要求，药品陈列应满足（　　）。

   A. 药品与非药品分柜摆放

   B. 内服药与外用药可同一柜内存放

   C. 处方药与非处方药可同一柜内存放

   D. 处方药可开架销售

4. 不属于处方药中标示牌陈列分区的药品为（　　）。

   A. OTC 胃肠道用药　　　　　　　B. 泌尿生殖系统用药

   C. 心脑血管用药　　　　　　　　D. 抗感染用药

5. 下列关于拆零药品的存放说法正确的是（　　）。

   A. 统一存放在开架区专柜中

   B. 统一存放在闭架区专柜中

C. 口服药、外用药可混合存放在拆零专柜中

D. 需保留原包装的标签和说明书

6. 有质量问题的药品存放在（　　）。

 A. 闭架区   B. 开架区

 C. 退库区   D. 中药柜

7. 在片剂的储存过程中，对片剂质量影响最大的是（　　）。

 A. 湿度   B. 光线   C. 温度   D. 空气

8. 药垛与地面之间的距离必须在（　　）cm 以上。

 A. 5   B. 10   C. 20   D. 30

9. 一般药品仓库开窗通风降温的条件是（　　）。

 A. 库内的温度高于库外

 B. 库外的温度高于库内

 C. 库内的温度和相对湿度高于库外

 D. 库内的温度高于库外，而库外的相对湿度高于库内

10. 不合格药品区色标是（　　）。

 A. 红色   B. 黄色   C. 白色   D. 绿色

二、判断题（下列判断正确的请打"√"，错误的请打"×"）

1. 库房的相对湿度应保持在 55%～65%。（　　）

2. 一般情况下，药垛间距为 2 m 左右。（　　）

3. 《药品经营质量管理规定》（GSP）要求在库药品均应施行色标管理。（　　）

4. 内服药与外用药应分柜陈列。（　　）

5. 片剂均可在开架区销售。（　　）

6. 有特殊臭味的药品与一般药品应分开陈列。（　　）

7. 易串味的药品与一般药品应分开陈列。（　　）

8. 胶囊剂不宜过于干燥。（　　）

9. 冷处是指温度为 2～10 ℃ 的地方。（　　）

10. 药品堆垛应尽量做到合理、牢固、定量、整齐。（　　）

三、简答题

1. 简述药品陈列的原则。

2. 影响药品质量的因素有哪些？

模块测试题答案

一、单项选择题

1. A   2. C   3. A   4. A   5. D   6. C   7. A   8. B
9. C   10. A

二、判断题

1. ×   2. ×   3. √   4. √   5. ×   6. √   7. √   8. √
9. √   10. √

三、简答题

（略）